パリ　華の都の物語【目次】

はじめに　007
パリ体験という現象

第一章　いにしえのパリ　017
ルテティア／ガロ・ロマン／背教者ユリアヌス／ゲルマンの都の守護聖女／初代の王クローヴィス
コラム　パリの美術館1　ルーヴル美術館

第二章　キリスト教中世のパリ　045
フランスの誕生／国の原型／カペー朝――フランス代々の王家の祖／王都パリの建設／シテ島の整備と大聖堂／ヴァロワ朝と最初の共和主義者／牢獄と狩猟の館
コラム　パリの美術館2　クリュニー美術館

第三章　王家のパリ　072
ブルボン王朝／初代の王アンリ四世とあらたなインフラ事業／王妃と愛人／太陽王とパリの因縁
コラム　パリの美術館3　カルナヴァレ美術館

第四章　革命期のパリ　093
革命の足音／動乱の始まり／激動の跡／ナポレオンと建築事業
コラム　パリの美術館4　オルセー美術館
第五章　パリ大改造　119
逃げ出す王たち――フランスのお家芸／オスマンの大改造／オペラ座／万国博覧会／女神・塔・メトロ
コラム　パリの美術館5　プティ・パレ
第六章　芸術の都　151
サロン（官展）と落選者展／普仏戦争とパリ・コミューン／印象派のパリ／さまざまな分野での「改革の世紀」
コラム　パリの美術館6　マルモッタン・モネ美術館
第七章　二つの大戦とその後　179
ベル・エポック／第一次大戦のパリ／エコール・ド・パリ／占領下のパリ／戦後の拡大
コラム　パリの美術館7　ポンピドゥー・センター

第八章　パリの諸相　215
死者が眠る／その他の教会／テンプル騎士団とフリーメイソン／パサージュとカフェ／シャネルとモード／異文化との共生
コラム　パリの美術館8　異文化を知る――ユダヤ、アラブ、東洋
第九章　イル＝ド＝フランス――日帰り散策のススメ　250
1　サン＝ドニ――王の眠る場所　251
2　フォンテーヌブロー――フランス近代の立役者の宮殿　256
3　ヴェルサイユ――太陽王の宮殿　261
4　バルビゾン――外に出た画家たち　268
5　オーヴェール＝シュル＝オワーズ――炎の画家の最期の日々　274
おわりに――セーヌの流れは絶えずして　280
主要参考文献　i
パリ入門書としての推薦書　iv

写真は注記のあるものを除き、すべて筆者撮影による

はじめに

僕も巴里《パリ》に来た当座、二三ケ月と云ふものは、矢張《やはり》、非常な熱情に駆られたさ。町の景色、空の色、行く人の姿、何から何まで、皆な写生をする為に出来てゐる様に見えた。毎日々々、セーヌの河岸、市中の広場や公園、時には城壁を越して田舎の森まで、まるで夢の様に浮れ歩いて居たんだが（……）

これは永井荷風の小説『再会』のなかで、主人公の洋画家蕉雨《しょうう》が語る台詞である。一八七九年（明治一二年）、東京小石川に生まれた荷風は、実業家でもある政府官僚を父に持ついわゆるボンボンである。日本とアメリカで銀行や大使館勤めなどをするも性に合わず、二七歳の時に父に頼み込んで、かねてから憧れを抱いていたフランスへの遊学をはたす。『再会』は、一年弱のフランス滞在を終えて帰国した後、すぐに雑誌に発表した短編小説で、翌年刊行された短編集『ふらんす物語』の一部をなす。同短編集は、娼婦の話や日本の政治に対する批判が書かれていることなどを理由に、ほどなく発禁処分をうける。

『再会』の蕉雨は、アメリカで学んでからフランスに来たという設定であり、つまりは荷風本人の鏡像だと言って良い。その彼が語る前述の台詞は、荷風自身が抱いたパリの印象の正直な吐露なのだろう。そして、パリを訪れた人のほとんどが、おそらく荷風と似た感覚を抱いた経験があるのではなかろうか。

明治の頃ならいざ知らず、写真や映像でさんざんパリの風景を見たことのある私たちの時代にあっても、パリはそこを訪れる者に特別な感情を抱かせる。それは単に「美しい」という形容詞にとどまらず、一種の郷愁《ノスタルジー》と呼べる想いまで含んでいる。その地に育ったわけでもない者に抱かせる郷愁の奇妙さは、それだけパリの情報や映像が意識下に蓄積されていることもその一因だろうが、やはりパリという街が持つさまざまな「パリ的要素」が与えるイメージのなせるわざとしか言いようがない。

蕉雨は前述の台詞ののち、夢中でスケッチをしたこと、そして大作に取り組むために部屋にいると、なぜか淋しさに襲われたと語っている。この感覚もまた、パリに滞在した者の多くがとらわれたことのあるもので、実際に筆者のまわりにも幾人か同意した者がいる。不思議なことだ。なんとか言語化しようと試みるならば、それはこの重層的な歴史と膨大な文化の蓄積を前にして、何もすることができない自己の存在の小ささに呆然と立ち尽くす感じと解釈できなくもない。

†パリ体験という現象

こうした「パリ体験」とでも言えるような現象を説明しようとした書もあって、フレデリック・オッフェというパリ生まれではないフランス人が書いた『パリの精神分析』（邦題『パリ人論』、宇京頼三訳、以下引用箇所も宇京訳）という。オッフェはパリという都市が持つさまざまな特性を挙げているが、そのなかでパリを愛する外国人の言葉として、「どこにもこの都市ほど自由になれるところはない」と記し、悪徳だろうが美徳だろうが、何をしても日常に溶け込んでしまうと述べている。続く「要するに、この自由が生活のあらゆる領域で見られる。パリでは、他人の注意など引くこともなく、好きなことができる」というオッフェの記述には首肯できる方も多いことだろう。

フランス人はよく個人主義だと言われるが、フランス各地を旅すれば、それがパリにしか当てはまらないことにすぐ気が付く。パリでは泣いている人の隣で平気でキスをしているカップルを見たこともあるが、個人主義はこうした一種の乾いた冷たさの原因ともなり、また同時に大いなる自由の源ともなっている。政治家の不倫が報道されるやテレビや雑誌が一斉にバッシングを始める日本やアメリカの空気は、フランス人には理解しがたいものかもしれない。イタリアもこのあたりの感覚はよく似ていて、筆者もイタリアのある大学で「あの人が教授の前妻、あの人が今の妻、そしてあの女性が愛人」と、院生からあっけらかんと説明されたことがある。ただ、大いなる自由は、当然ながら放り出されたような孤独感の原因ともなっているわけだ。

オッフェは批判的な視点からパリを分析しているが、パリらしさを作っている要因のひとつに地方出身者や外国からの移住者の多さを挙げている。パリの歴史はたしかにかなり異邦人によって作られてきたものであり、今もその多様性はパリの重要な要素であり続ける。イタリア留学中に筆者は何度か他国を訪れたが、パッと見て東洋人であることが明らかな外見をした者にとって、イタリアは良くも悪くも、どこまでいっても異邦人であることを自覚させられる地だが、パリやロンドンではそのことにほぼ無自覚でいられる。名実ともにコスモポリタン的なそれら両都市を比べてみると、ロンドンでは区域や職種ごとにかなり住み分けがなされていることに起因するのに対し、パリのそれはやはりある程度の無関心さからくるものなのではなかろうか。

もちろん、パリに住んでいる人がすべて同じメンタリティを有しているはずもない。しかし、この街が歴史のうえで特別な役割を果たしてきたこと、そしてこれまで述べたような特殊な感覚を人々に抱かせてきたこともまた事実である。これまでも多くの人がそう思ってきたがために、パリについて書かれた本は実に多い。専門書のジャンルも多岐にわたっており、パリらしさの何たるかについて述べた浩瀚の書であるヴァルター・ベンヤミンの『パサージュ論』でも、パリについて書かれた本の多さが特筆されているほどだ。

そのような書棚に、筆者はまたあらたな一書を加えようとしている。おのずと、パリのすべてを網羅することなどできるはずもなく、美術史と文化史を専門とする筆者の歴史分野に限っても、大部の『パリ歴史事典』などがすでに存在し、またパリのすべての通りにまつわる歴史エピソードを調べ尽くした『図説 パリの街路歴史物語』なる書まである。そのうえで筆者にできるかもしれないわずかな可能性は、パリの歴史エピソードやその舞台となった場所を採りあげて、パリが歴史と文化のうえで果たしてきた役割を見直し、さらにパリが持つ多層性や多様性についてともに考えるきっかけを提示することに限られる。人によって、フランス史やフランス美術の諸相を楽しむ書として、または、ヴァーチャルな旅行体験として、あるいは今後の旅行を考えるうえでのガイド本として。本書がそのようなニーズを少しでも満たす書となることを願うばかりである。

それでは以下より、パリにある歴史と文化の残像を追いながら、その魅力や意味するところを見ていこう。

パリの地図
18区
19区
20区
9区
10区
1区
2区
3区
4区
11区
6区
5区
12区
14区
13区
ラデの風車
サクレ・クール寺院
サン・ラザール駅
ヴァンドーム広場
コンコルド広場
オペラ座
フリーメイソン博物館
パレ・ロワイヤル
コンシェルジュリー
ポン・ヌフ
ポンピドゥー・センター
ユダヤ歴史美術館
ペール・ラシェーズ墓地
カルナヴァレ美術館
市庁舎（オテル・ド・ヴィル）
バスティーユ広場
サン＝ルイ島
オランジュリー美術館
オルセー美術館
テュイルリー庭園
ルーヴル美術館
クリュニー美術館
シテ島
パンテオン
ノートルダム大聖堂
アラブ世界研究所
ヴァンセンヌ城
モンパルナス・タワー
カタコンブ・ド・パリ
セーヌ河

ラ・デファンスの新凱旋門
17区
エトワール凱旋門
8区
プティ・パレ
グラン・パレ
ブーローニュの森
ギメ東洋美術館
16区
アンヴァリッド
マルモッタン・
モネ美術館
エッフェル塔
ラ・ロッシュ邸
ロダン美術館
自由の女神像
7区
15区
ラ・ルシュ

オペラ座
パサージュ・ジュフロワ
エリゼ宮殿
グラン・パレ
ヴァンドーム広場
ギャルリー・ヴィヴィエンヌ
パレ・ガリエラ
サン・ロック教会
タンプル公園
ギメ東洋美術館
サントゥスタッシュ教会
プティ・パレ
ニコラ・フラメルの家
コンコルド広場
ユダヤ歴史美術館
オルセー美術館
ルーヴル美術館
両替橋
エコール・デ・ボザール
アンヴァリッド
(ポン・オ・シャンジ
シャン・ド・
マルス公園
サン＝ジェルマン＝デ＝プレ教会
シテ島
カフェ・プロコープ
サン・シュルピス教会
中心部地図
アラブ世界研究所
大モスク（グランド・モスケ・ド・パリ）

パリ全景
エトワール凱旋門の屋上からの眺め。並木の街路が凱旋門から放射状にのびている。中央にエッフェル塔が見える。

パリの夜景。前頁の写真とは逆に、エッフェル塔から凱旋門を眺めたところ（中央奥にある明るい部分に建っているのがエトワール凱旋門）

第一章　いにしえのパリ

†ルテティア

ラビエーヌスはイータリアから来たばかりの補充兵を荷物の守備としてアゲディンクムに残し、四箇軍団をつれてルテキアへ向った。これはセークァナ河の島にあるパリーシー族の町である。——ユリウス・カエサル、『ガリア戦記』（近山金次訳）

紀元前五世紀頃から、西ヨーロッパにはケルト人による定住地が各地にできていた。ギリシア人が付けた呼び名であるケルトのなかで、特に現在のフランス地域に住む人々のことをラテン人（ローマ人）はガッリと呼び、彼らの居住地域をガリアと名付けていた。古代ローマから見れば、ガリアはたいした文化も持たない野蛮な辺境と映っていた。ガッリが統一国家を持たなかったこともその一因で、彼らは部族ごとに共同体を形成していた。引用した文中にある「パリーシー族（パリシイ人）」もそのひとつで、音感でわかる通り今日のパリの名の起源である。

ローマの属州ガリアの総督だったカエサル（英語読みでシーザー）は、紀元前五八年にガリア戦争を起こす。北方からゲルマン諸民族がガリアに侵入し、ガッリ人たちが混乱したタイミングを見計らっての行動だった。カエサル自身はフランス中南部のゲルゴヴィア（現在のクレルモン＝フェラン周辺）へと進軍し、北方面には副官（総督代理）ティトゥス・ラビエヌスを派遣した。なお引用した文中に登場するルテキアは今日のパリ、アゲディンクムはその南東に位置するサンスにあたる。

パリを東から西へと流れるのがセーヌ河（文中のセークァナ河）で、流れに沿って川の右側を右岸、左側を左岸と呼ぶ。パリの地図を見て、上半分が右岸ということになる。引用文でわかる通り、パリシイ人はまずセーヌ河の島（中州）に住み始めたので、今日のシテ島（ノートルダム大聖堂があるところ）がパリでは最も古い地域となる（図1-1）。右岸には今日のサン・ラザール駅のあたりまで湿地帯が広がっており、マラリアなどの感染病発

図１－１　セーヌ河と、ノートルダム大聖堂のあるシテ島

生要因ともなっていた。その北は徐々に標高が上がっていき、一二〇メートル強ほどの高さのモンマルトルの丘まで続く。一方、左岸はすぐに坂になり、後にサント＝ジュヌヴィエーヴの丘と呼ばれることになる丘に達する。標高はわずか五〇メートル強しかないが、坂の斜度がかなりあるため、数値よりももっと高く感じられる。

パリの古名であるルテティアは、ルコティキアともルテキアとも表記される。ここをめぐる戦いは激しかったようで、敗色が濃くなったパリシイ人は自ら街に火を放ち、橋をすべて破壊して左岸へと逃げた。戦場はやや下流へと移され、夜の間に舟で渡河したローマ軍によってパリシイ兵らは包囲され、ついには全滅したと『ガリア戦記』には記されている。ちなみにカエサルが南部で対峙した相手が、南ガリア諸部族の軍を束ねるウェルキンゲトリクスで、装備で圧倒的に勝るローマ軍を相手に勇猛果敢に挑んできた。最後には敗れ、六年間の虜囚生活ののち二六歳で処刑されるが、フランス人のナショナリズムをくすぐるようで、全国的な人気を誇る歴史ファンタジー漫画『アステリックス』の主人公のモデルとなっている。ともあれ、紀元前五二年のウェルキンゲトリクスの敗北を機に、属州ガリアはその版図を急激に拡大し、フランス全土がローマの支配下に入る。文化的にもガリアはローマ化され、「ガロ・ロマン」と呼ばれるようになる。

†ガロ・ロマン

古代ローマの版図に点在していた主要都市には、たいていローマ式の円形闘技場（コロセウム）や公衆浴場（テルム）、広場（フォルム、英語読みでフォーラム）、ギリシャ由来の半円劇場（テアトロ）が造られた。ローマ神話の神々を奉ずる多神教なので、街中には大小さまざまの神殿が建ち並び、フォルムを起点に各地の都市へとつながる街道がのびていた。道路造りこそはローマ最大のインフラ整備事業であり、物流のためにはもちろんだが、広大な版図へ軍を迅速かつ効率的に派遣するためでもあった。主要な街道にはミッリア（マイル）ごとに標石が建てられたが、四世紀初頭にパリを起点とする道に建てられた石には「キウィタス・パリシオールム（パリシイ人の街）」とラテン語で彫られている。まだしばらくはルテティアの名も散見されるが、次の世紀が終わる頃には「パリ」の呼称がほぼ定着している。

ガロ・ロマン時代に、ルテティアはシテ島と左岸で主に発展した。今日リュクサンブール宮殿のあるあたりにあった大型のフォルムから、シテ島を突っ切って北へとのびる道路があり、その両側に住宅と浴場、劇場が並んでいた。東にやや外れたところには円形闘技場があり、その後ながらく埋没して忘れられていたが、一九世紀に入って再発見されて段階的に発掘された（図1-2）。楕円形の空間をぐるりと観客席が囲み、闘技場兼劇場として使用され、かつては一万六〇〇〇人ほどの観客を収容することができた。五万人収容と桁外れに大きなローマのコロセウムの他にも、南仏ニームなどに二万人以上の規模のコロセウムがまだまだ沢山あったことをみても、ガ

図1-2　リュテス闘技場跡（アレーヌ・ド・リュテス）　すぐそばまで一般の住宅が迫っているが、今日では公園として開放され、時おり人々がペタンクなどで遊んでいる。1883年の街路整理で一部が発掘された時、保存を目的とした委員会が設立された。ヴィクトル・ユゴーらの支援のもと、パリ市議会は保存案を可決した。

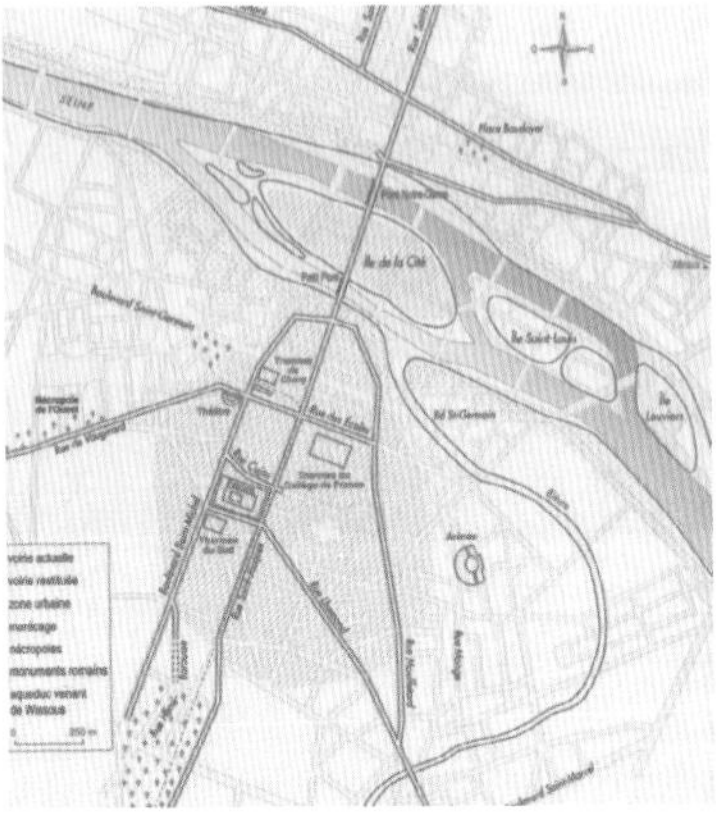

図1－3　ガロ・ロマン時代のパリの地図、ジャック・アントワーヌ・デュロールに基づく、ジャン＝ピエール・アダムらによる再構成（*Atlas de Paris*, 1999. より）　セーヌ河の形状が今日と違っていたことが分かる。シテ島からまっすぐ南にのびる道路の左側に、横長の長方形をした巨大なフォルムがあった。フォルムのすぐ北側に、西から半円劇場とクリュニー浴場、大浴場が並んでおり、東のやや外れにリュテス闘技場がみえる。街の外れの数カ所に、墓地（ネクロポル）が広がっている。

ロ・ロマン時代のルテティアがまだ中堅都市にすぎなかったことがわかる。

ローマ時代のパリには公衆浴場が三カ所あった（図1－3）。フォルムのすぐ南にひとつ、北側にふたつ。そのうち、最も北にあった浴場の遺跡が最もよく残っていて、現在は中世美術の殿堂であるクリュニー美術館の一部をなしている。ローマ五賢帝時代の浴場建設にかけるエネルギーは驚くほどで、南郊外の丘陵地や池から浴場まで数キロにおよぶ水路が造られ、それとは別に排水をセーヌに流すための下水道も整備されていた。浴場は汗を流す運動場から脱衣室、プールから温浴、サウナまでさまざまな機能を備え、食事をとる店はもちろんのこと、図書館や議場まで有する施設もあった。

二世紀末に完成したクリュニーの浴場は約六〇〇〇平方メートルの敷地面積を誇ったが、三世紀末にはゲルマン民族によって破壊されてしまう。その三分の一ほどの遺構が残っていて、これをクリュニー修道院が購入し、改修と拡張を繰り返して一六世紀には現在の美しい城館の姿になった。古代の浴場の姿が最もよく保存されているのはフリギダリウム（冷水浴室）であり、天井壁までを残す空間の奥にはプールとして使用されていたスペースがある（図1-4）。

ルテティア時代の遺構は、シテ島でも見ることができる。ノートルダム大聖堂前広場の一角に「考古学的クリプタ（地下聖堂）」への入口があって、そこから地下に降りると、意外なほどに広い地下空間がある。一九六五年から七二年にかけて発掘された遺構で（一九八〇年公開）、一一七メートルにわたって、三世紀から近代に至るまでのさまざまな時代の建築物の基礎部分を見ることができる。パリで最初に人が住み始めた島の上に、地層が重なっていくように破壊と改修、建設が繰り返されたためだ。ローマ時代末期にはここにも小規模ながら浴場があったようで、地下のボイラー室から熱風を送って浴室を暖めるための床暖房システム（ヒュポカウストン）も発見されている（図1-5）。

図1-4　ルテティアにあった浴場のフリギダリウム、クリュニー美術館　かつての浴場でも最も広い部屋だったのがフリギダリウムである。奥の青い光で照らされている部分がプール。

図1-5　ノートルダム大聖堂前広場の「考古学的クリプタ」の様子　中央やや奥の空間に、煉瓦で造られた細長のアーチ構造があるが、これがヒュポカウストンのための送風設備。

†背教者ユリアヌス

高校で世界史を選択なさった方は、「ミラノ勅令」の名を三一三年という年号とともに暗記させられた経験をお持ちだと思う。ローマ皇帝コンスタンティヌス一世（大帝）が、帝国の全市民に信教の自由を認めた出来事である。実は今日では信憑性に疑問符が付けられている事例ではあるのだが、ともあれ、その頃にはキリスト教を許可せざるを得ないほどに信徒が増えていたのは事実である。もともと古代ローマではローマ神話の神々が崇拝されていたので、一神教のキリスト教とは水と油の関係である。なぜなら、ローマ皇帝は自らも現人神《あらひとがみ》（生きながらにして神である存在）として多神教の神座の一角を占めていたところへ、ただひとつの神しか信じてはならぬと迫るキリスト教が入って来たからだ。自らの地位を脅かしかねないこの新興宗教に対し、ローマ皇帝たちは迫害と追放で報いた。しかし、キリスト教は爆発的な勢いで信者を増やし、ゲルマン諸民族との戦いやインフレで弱体化したローマ帝国はついに屈する結果となった。もちろん、大帝の母がキリスト教徒だったことも大きな要因である。

大帝が世を去った跡を、子のコンスタンティウス二世が継ぐ。ゲルマンの侵入はますます激しく、アラマンニ族に奪われたガリア北東部を奪回するために、副官（副帝）に従兄弟のユリアヌスを任命する。ユリアヌスは大帝の甥であり、皇帝コンスタンティウス二世の妹で自らの従妹にあたるヘレナを妻とした。

その後、ゲルマンとの激しい戦闘の後、ユリアヌスは領土の回復に成功し、この地にしばしの平安が訪れる。そこへ、皇帝から兵の半数をはるか彼方の帝国の東国境地帯へ派遣せよとの命が届く。そこはそこで、ササン朝ペルシアとの戦闘が激化していたためだ。しかし、この命令は実行されなかった。ガリアに留まることを望んだ兵たちは、ユリアヌスを正帝に推挙したのだ。三六〇年二月、パリのシテ島でのことである。

この冬、私はあの慣れ親しんだルテティアに宿営することになった。（……）これは流れのなかにある広くもない島で、八方から城壁がぐるっと島を取り囲んでいる。（……）水は眺めるに心地よい、さほどに澄み切っているのである。水はまた飲料に適する、その故に住民は川に水を汲みに来る。（小林茂訳）

これはユリアヌス本人が書き記した、当時のパリを描写した文章の一部である。そこに住む人々の暮らしぶりまで想像させる、貴重な記録である。三六一年、彼は愛憎相食むコンスタンティウス二世の死をうけて、ただひとりの正帝としてコンスタンティノポリス（現在のイスタンブール）で即位した。彼はそれまでの多神教やユダヤ教に寛容な政策をとったため、後世からは「背教者」の綽名《あだな》で蔑まれた（辻邦生の歴史ファンタジー小説『背教者ユリアヌス』のモデルともなっている）。パリで皇帝位を宣言し、パリを愛した背教者は、その三年後にペルシアとの戦場で命を落とした。

†ゲルマンの都の守護聖女

ローマ帝国のキリスト教化はますます進行し、四世紀の終わりには国教に定められた。キリスト教以外を信じてはならない、とのお達しである。それは同時に、ローマ皇帝が広大な帝国版図をコントロールできなくなっていたことを裏付ける。領土を脅かしていたのはゲルマン民族だけではない。さらなる脅威となったのがフン族である。中央アジアの遊牧民であるフン族は、四世紀にはヨーロッパ東域まで勢力を伸ばし、追い立てられたゲルマン民族がさらにローマ帝国領土内へと侵入する玉突き現象を引き起こしていた。

五世紀には、天才的な軍略家である王アッティラに率いられたフン族によって、東ヨーロッパはたちまちのうちに征服された。彼はさらに西ヨーロッパにも領土的野心を示し、疾風のような行軍速度でドイツからフランスへと進軍した。今日のランスやアミアン、オルレアンなどの諸都市が次々に征服されたが、パリは難を逃れた。この時、ひとりの女性がパリを救ったと長く語り継がれていた。聖ジュヌヴィエーヴの伝説である（図1-6）。

シテ島で信仰生活を送っていたジュヌヴィエーヴは、四五一年にフン族によってパリが包囲された時、二八歳だったと伝えられている。彼女は恐れおののく人々に対し、神の守護を説いて彼らをなだめ、女性たちに祈りを途切れることなく捧げるよう説いた。彼女が門の外まで出てアッティラを説得し、パリ攻撃を断念させたとまでかつては信じられていた。現在では面会は創作だと考えられているが、ともあれ、この一件をもって、ジュヌヴィエーヴはキリスト教の地を異教徒から守ったことで後に列聖され、パリの人々からは街の守護聖人とみなされるようになった。

しかし、平穏もつかの間、四七〇年にはフランク族によってパリは再度包囲される。飢餓状態に陥った市民の危機に際し、聖女は今度は街を抜け出して、郊外からパリ市内へ麦を運び込み、包囲から街を守りきったとも伝えられている。さらに、後にフランク族の長となっ

図1-6　ジュール＝エリー・ドローネー〈アッティラの軍に怯えるパリの人々をなだめる聖ジュヌヴィエーヴ〉1874年、パリ、パンテオン　パリのパンテオンがある場所には、もともと聖ジュヌヴィエーヴに献堂されたサント＝ジュヌヴィエーヴ教会があった。パンテオンの内部はフランスの偉人たちの霊廟であり、フランスにとって重要な人物や事件を主題とする巨大な壁画群で覆われている。

たクローヴィス一世と手打ちをし、勝海舟よろしくパリを無血開城させたとさえ信じられていた。実在の人物ながら不明なことの多い聖女ゆえ、尾ひれがついて伝説が肥大化した面はあるだろう。なにしろ、足の悪い少女の膝に手を置いて、たちまちに治してしまったとのキリストばりの奇跡さえ伝えられたほどだ。それだけ、聖女はパリ市民に慕われ、愛されてきたのだ（前述したように、パリには聖女の名を冠した丘もある）。彼女の遺骨の一部は聖遺物として崇敬の対象となり、病を癒すと信じられたため、何度も王宮へ運ばれるなどされた。

しかしフランス革命による改革の波をうけ、一七九三年の冬には、そうした聖遺物はグレーヴ広場で焼かれ、その灰はセーヌ河に投じられた。豪華に飾られていた聖遺物箱も、宝石を除かれたあとで溶解されてしまった。一部の遺骨だけは他の教会にあったために難を逃れ、現在はパンテオンのすぐ裏手にあるサンテティエンヌ＝デュ＝モン教会におさめられている。ほんの指一本分の遺骨のおかげで、同教会は今日の聖ジュヌヴィエーヴ崇敬の中心地となっている（図1−7、1−8）。

聖女の遺骸をおさめていたサント＝ジュヌヴィエーヴ修道院は、一九世紀初頭に都市計画のため取り壊されてしまった。その過程で、聖女の石棺が一八〇二年に発見された。これも今日はサンテティエンヌ＝デュ＝モン教会にある。外側の金属容器の透かし模様の隙間から、なかにある石棺が見える（図1−9）。

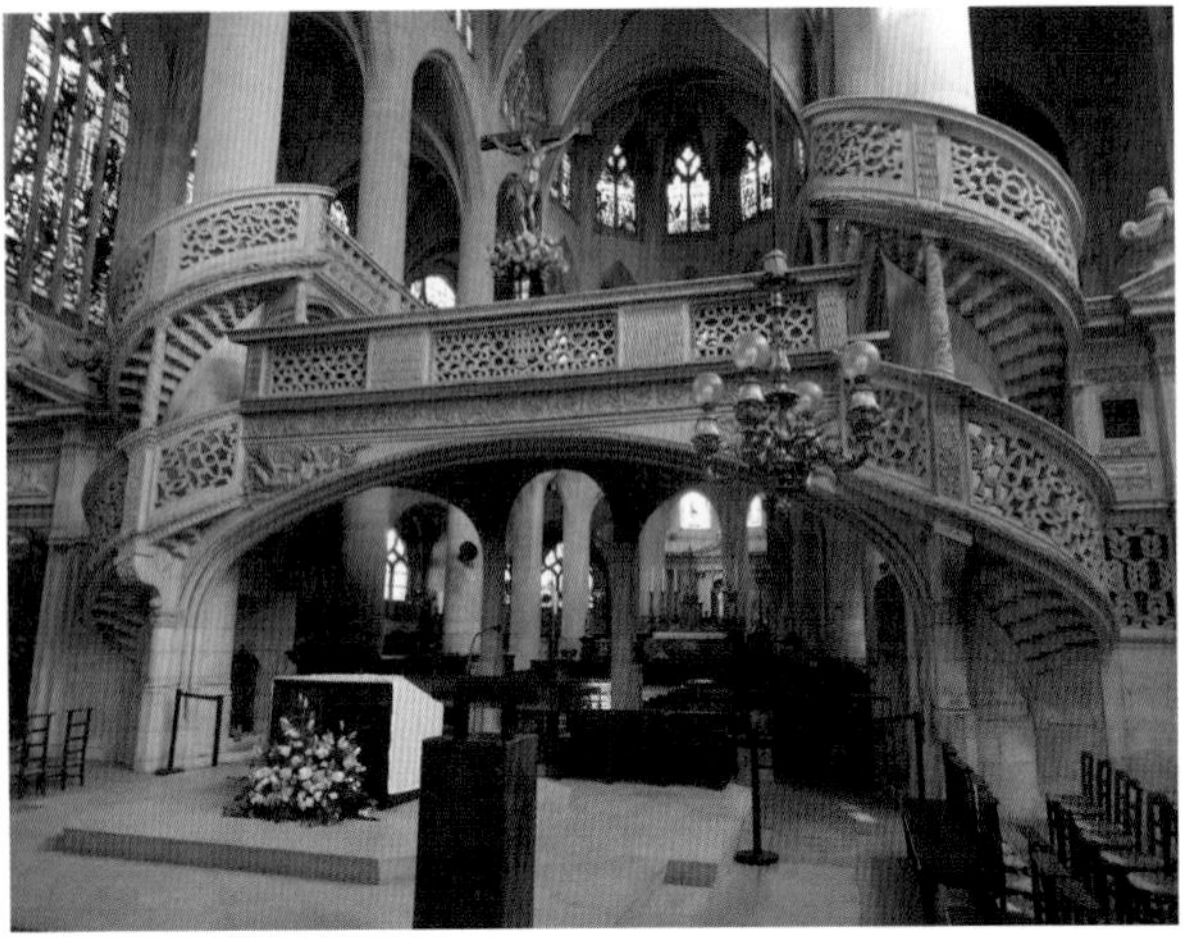

図1-7　サンテティエンヌ＝デュ＝モン教会内部の「ジュベ」　聖ジュヌヴィエーヴ崇敬の中心地であるサンテティエンヌ＝デュ＝モン教会の内部。内陣と身廊を隔てる高廊を「ジュベ」と呼ぶが、同教会のそれは今日パリに現存する唯一の例である。

図1-9　聖ジュヌヴィエーヴの石棺、パリ、サンテティエンヌ＝デュ＝モン教会サント＝ジュヌヴィエーヴ礼拝堂

図1-8　聖ジュヌヴィエーヴの聖遺物、パリ、サンテティエンヌ＝デュ＝モン教会サント＝ジュヌヴィエーヴ礼拝堂　横長の聖遺物箱の中央にある小さな棒状の小容器に、聖女の指の遺骨がおさめられている。

†初代の王クローヴィス

フランスの名は、フランク族に由来する。フランクは、ライン川の下流域に住んでいたいくつかのゲルマン系部族の総称である。ゲルマン諸民族のガリアへの侵入は三世紀に始まるが、本格化するのは五世紀に入ってからのことだ。西ゴート族やブルグント族らが相次いで侵入し、ある者は荒らした後にイタリアやイベリア半島へと去っていき、ある者はガリアに定住し始めた。ゴートもブルグントも耳慣れない名前かもしれないが、前者はゴシックの名の由来であり、後者はフランス語ではブルゴーニュと表記するので、ワイン好きの方ならご存知だと思う。

ガリアに侵入したゲルマン諸民族のうち、フランク族が最終的に今日のフランスの礎を築き、実質的に最初のフランス王となる男を産む。フランク族のなかで主力を担ったサリ族の族長、クローヴィスである。彼は四六六年頃に現在のベルギーに生まれ、同地域を支配していた父の死後、一五歳前後で跡を継ぐ。歴史上の重要人物ながら生涯には不明なことが多いが、またたく間にガリア北部を制圧し、メロヴィング朝と呼ばれる王朝の祖となった。ガリアの人々や他のゲルマン部族だけでなく、ライヴァルとなりうる人物やかつての仲間たちさえ暗殺したと、血なまぐさい逸話も伝えられている。しかし、ガリアの地を狙う他部族も多かったなかで、クローヴィスがその目的を達成できたのは、彼がキリスト教に改宗したことが大きく作用したと考えられている。

彼の改宗にあたっては、ブルグントの王女で敬虔なカトリック信者だった妻クロチルドからの勧めもあっただろう。そして、当時はまだガリア全土に占めるゲルマン系民族の人口は少なく、キリスト教化したローマ帝国の住民との折り合いをつけるためには自らも改宗した方が良いとクローヴィスも計算したはずだ。こうして五世紀の終わりに、彼は自軍の数千の兵とともにキリスト教徒となった。洗礼を受けた街であるランスは、この故事によってその後代々フランス国王の戴冠式がおこなわれる地となった。彼の目論見は当たったようで、その後西ゴートを破るなどして順調に版図を広げ、五〇八年にパリを都と定めた。人口約一万に達していたパリが、名実ともにフランスの首都となった瞬間だった。

彼と妻は現在パンテオンがある場所に、聖使徒修道院を建立し、彼ら自身もそこに埋葬された。これは後にサント＝ジュヌヴィエーヴ修道院となり、幾度か革命時の暴徒やノルマン人による略奪をうけた。サント＝ジュヌヴィエーヴ修道院は都市計画の対象となって取り壊され、クローヴィスのために後世造られた石棺墓碑は一八一六年にサン＝ドニ大聖堂へと移された（図1-10、第九章）。今日では、「クローヴィスの塔」の名で知られる鐘楼と一部の遺構だけが、パンテオンのすぐ裏手にある学校の構内に現存している（図1-11）。

さてその後建てられたパンテオンだが、その名の通りローマにあるパンテオンにちなんで付けられた名前で、ファサード（正面）のデザインもそれを真似ている（図1-12）。ローマのそれがもともと多神教ローマ時代の万神殿（汎神殿）を意味し、その後キリスト教一神教の時代になってローマとイタリアの偉人たちの霊廟となったのに対し、パリのそれは初めから偉人の霊廟を意図して建設された。工事は一七五七年に始められ、奥行き一一〇メートルもの巨大な十字型プランの上に、八三メートルの高さのドームが載せられた（図1-13）。

地下も同様に十字型プランを持ち、ちょっとした事典ができるほど多くの歴史上の人物

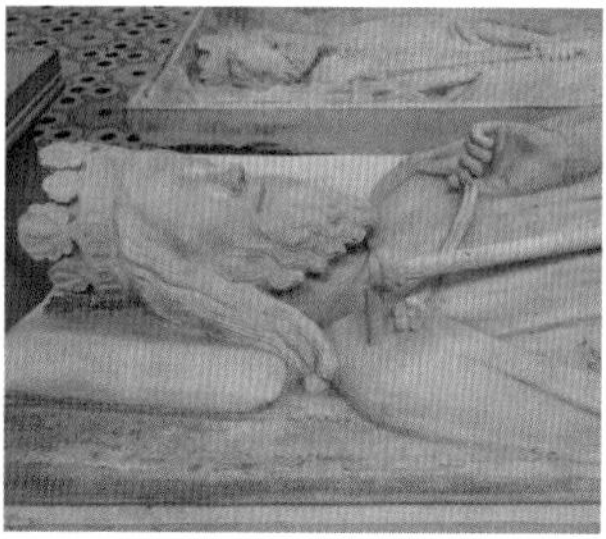

図1-10　クローヴィスの石棺墓碑、13世紀か、サン=ドニ大聖堂

図1-11　クローヴィスの塔、リセ・アンリ4世校構内　旧サント=ジュヌヴィエーヴ修道院の鐘楼。リセ・アンリ4世校の構内には、ほかに地下室と食堂の一部が遺構として残されている。すぐ後ろにパンテオンの巨大なドームが見える。

図1-12　パンテオン外観

たちの墓がおさめられている。ゾラやデュマ、ヴォルテールといった文学者はもちろん、キュリー夫妻のような科学者の墓石も見学することができる。

クローヴィスが開いた王朝は、彼の祖父の名であるメロヴィクスにちなんでメロヴィング朝と呼ばれる。クローヴィスが亡くなった時には今日のフランス国土の大半を支配下に置くほどに勢いがあったが、しかし王朝はすぐに弱体化する。というのも、長男ただひとりが遺産を受け継ぐ他のほとんどの王家と異なり、メロヴィング朝では男子が複数いれば資産を分割して遺贈する慣習があったからだ。クローヴィスには四人の息子がいたため（他に早逝した男児がひとりいる）、四つの分王国が誕生した。

そのうちパリを都とする分王国を継いだのは三男（早逝した男児を含むと四男）のキルデベルト一世である。彼の時代にはブルグント王国との戦いや、親族間での血なまぐさい争いなどが繰り返され、長い目で見るとメロヴィング朝の衰退を加速させたように映る。た

図1-13　パンテオン内部　十字プラン中央の交差部にドームが載っている。そのドームのてっぺんから、１本のワイヤーが下がっているが、これが地球の自転現象を示した「フーコーの振り子」を再現したもので、実際にレオン・フーコーはこの場所で1851年に公開実験をおこなった。現在パンテオンで揺れている球はレプリカで、実物はパリ工芸博物館にある。写真で床に敷かれている巨大な円盤鏡は、アン・ヴェロニカ・ヤンセンによる期間限定のインスタレーション。

図1-14　サン＝ジェルマン＝デ＝プレ教会の鐘楼　かつてロマネスク様式で建てられた教会は、その後の改修や再建によってゴシック様式との折衷様式となっている。かつて3基あった鐘楼はここに見える1基を残すのみだが、フランスでも最古のもののひとつである。

だ、彼は在位中、遠征先から聖人の遺骨と、聖十字架の断片とされる聖遺物を持って帰ってきた。聖十字架とは、キリストが磔にかけられた十字架のことである。これらをおさめるために彼が建てさせたのが、後にパリ司教の聖ゲルマヌス（フランス語読みでジェルマン）が埋葬されたことから「サン＝ジェルマン＝デ＝プレ」（野原の聖ゲルマヌス）と呼ばれる教会である（図1-14）。

キルデベルト一世は男児に恵まれず、死後その分王国は弟に簒奪され、妻と娘は追放されてしまう。そして王の遺体がサン＝ジェルマン＝デ＝プレ教会に葬られたため、彼以降のメロヴィング朝の王たちは基本的に代々ここを墓所としている。同教会はその後何度も改修と拡張、破壊と再建を経てはいるが、やや小ぶりな造りながらも一時は学僧が集う一大学問所となった。しかしここもまた革命によってすべての蔵書が没収され、内部にあった王の墓碑群も姿を消してしまった。

colonne
パリの美術館
1

ルーヴル美術館

ピラミッドの右奥に写っている建物が正方形をした本館にあたるシュリー翼の正面で、左側がリシュリュー翼。中央のガラスの大ピラミッドは一九八〇年代後半におこなわれた「グラン・ルーヴル・プロジェクト」によって建設された。登場した当初は批判を浴びたが、今ではすっかりルーヴルのシンボルとなっている。伝統を重んじながらも新陳代謝を繰り返すパリならでは。

職業柄、「世界で最もすごい美術館は」といった質問を受けることがある。

ルーヴル美術館外観

王の紋章の例、ルーヴル美術館外壁　ルーヴルはさまざまな時代の王によって改修や増築が繰り返された。そのため建物の外壁には、その部分の増築を命じた王の紋章やシンボルが彫られている。写真はそのひとつルイ18世（在位1814-24年）のもの。

展示室の面積や所蔵点数などさまざまな指標があるので、曖昧でナンセンスな質問ではあるのだが、答える時に口に出るのはやはりルーヴル美術館の名である。年間八〇〇万人を数える来館者数をみても、その長い歴史からしても、そして建物の威容ぶりや約三〇万点もの収蔵品の数と質の高さにおいても他の追随を許さないだろうし、もし評価額の総計のような指標があったとしたら、すぐさまこの美術館の突出ぶりが明確になるに違いない。

その荘厳な建物は、南北方向に三〇〇メートルほど、東西方向に七〇〇メートルほどの長さを持つ、横長の「コ」の字形をしている。そのうち北

ルーヴル宮殿の基礎部分の遺構、ルーヴル美術館地下階　かつての正方形宮殿は、やはり正方形をした現在の主館グラン・カレ（大正方形、の意）の約4分の1のサイズを持っていた。地下で公開されているのはかつての要塞の基礎部分であり、鑑賞者は昔のお濠の底を歩いていることになる。

ルーヴル宮殿の復元模型、ルーヴル美術館地下階　中世のルーヴル城塞の姿をしのばせる復元模型。高さ2メートルもの大型模型で、細部まで精巧に造られている。実際の中央の主塔はかつて高さ30メートルに達した。

絵画ギャラリー、ルーヴル美術館ドゥノン翼

〈サモトラケのニケ〉紀元前190年頃、ルーヴル美術館ドゥノン翼　〈ミロのヴィーナス〉と並んでヘレニズム彫刻を代表する作例。1863年にエーゲ海のサモトラキ島から無数の断片として発見され、長い修復期間を経て、有翼の勝利の女神として蘇った。頭部と両腕は失われたままだが、欠損していた右翼だけはなぜか左翼を参考にあらたに模造された。足もとの台は船の舳先を模しており、かつては港のそばで寄港する船を出迎えていたのだろう。ルーヴルでは大階段の上に置かれており、かつて人々が見上げていた姿を想像させる。ニケの英語読みを社名とする有名なスポーツブランドは、この翼を図案化したマークをシンボルにしている。

側の翼廊をリシュリュー翼、南側の翼廊をドゥノン翼と呼ぶ。リシュリュー翼にはかつて大蔵省が入っていたが、移転したため一九九三年からは美術館の一部となった。

それにともない延床面積も大幅に広がったが、ドゥノンという名は他のヨーロッパ諸国の人々には複雑な思いを抱かせるはずだ。というのも、この名は画家で作家だったドミニク・ヴィヴァン・ドゥノンという、同館がかつて「ナポレオン美術館」と呼ばれていた時代の館長をしていた人物にちなんで付けられたからだ。彼は「ナポレオンの眼」と呼ばれ、ナポレオンが占領した地域から一流の美術品を根こそぎフ

アントニオ・カノーヴァ〈アモールとプシュケー〉1793年、ルーヴル美術館ドゥノン翼　アプレイウスの『黄金の驢馬』を典拠とする古代の物語で、プシュケーがアモール（クピド）のキスによって眠りから目覚めるシーン。巨大な大理石ブロックから彫り出され、いたるところに高度な技術を必要とする空隙や薄い襞が細工されており、大理石の魔術師たるカノーヴァの面目躍如といったところ。彼はナポレオン戦争後の略奪美術品返還運動で活躍した人物でもある。

テオドール・ジェリコー〈メデューズ号の筏〉1818-19年、ルーヴル美術館ドゥノン翼　フランスの軍艦が座礁し、生存者が筏で漂流する間に飢餓状態におちいり、食人が発生した実際の事件を主題としたもの。ジェリコーは死体の描写のためにわざわざ病院で解剖部位をスケッチした。同時代の出来事をあつかい、ジャーナリスティックな視点で人間の残酷さや生への執着を描いた点で、ロマン主義の先駆となった。32歳で早逝。

ランスへと運ばせた張本人である。

ルーヴル美術館には購入作品や自国フランスうまれの作品のほかに、ナポレオンによって略奪された作品がいまだ展示されている。たとえばレオナルド・ダ・ヴィンチの〈ラ・ジョコンダ（モナ・リザ）〉の向かいにあるヴェロネーゼの〈カナの婚礼〉は同館にある最大サイズの絵画だが、これは持ち去られるまでヴェネツィアのサン・ジョルジョ・マッジョーレ教会の食堂を飾っていた。他にも、エジプト美術の至宝のひとつ〈デンデラ・ゾディアック（星座表）〉もナポレオンによるエジプト遠征時に持ち去られたものであり、

〈ミロのヴィーナス〉紀元前２世紀末、ルーヴル美術館シュリー翼　言わずと知れたルーヴルのアイコン。キクラデス諸島のメロス島から出土したヘレニズム様式の作品。一塊から作られた作品でなく、背中側にまわると腰部分に大理石の継ぎ目を見ることができる。右手の平部分も見つかっていて、隣に展示されている。もともと左手にはリンゴを持っていたと思われるが、欠損があるからこそ、人々の想像力を永遠に掻き立てる。

〈ハンムラビ法典の石碑〉紀元前18世紀前半、ルーヴル美術館リシュリュー翼
高さ２メートルを超える黒い玄武岩には、最上部に法の番人である太陽神シャマシュから法を授かるハンムラビ王の姿があり、その下にびっしりと条文が楔形文字で彫られている。そのなかには、旧約聖書の「目には目を」で有名な同害報復と同様の条文も含まれる。これはスサ（イラン）で出土したものだが、かつてはメソポタミア全域に同様の石碑が建てられていた。

エジプトの考古学者からは返還要求が出されているいわくつきの作品である。

ルーヴル美術館の特異さは、パリが誇る美の殿堂というだけでなく、ながくフランスの歴史のなかで突出した重要性を有していた宮殿だったことによる。まずそれは、一一九〇年にフィリップ・オーギュストによって防衛用の要塞として誕生した。一辺約七五メートル前後の正方形をした宮殿で、四方の角と中央に円筒形の塔を持つ構造をしていた（三八頁右図）。一九八〇年代におこなわれた大改修の際に発掘されて、現在はその遺構の一部が地下階で公開されている（三八頁左図）。

一四世紀以降、ルーヴルは要塞から

レオナルド・ダ・ヴィンチ〈ラ・ジョコンダ（モナ・リザ）〉1503–19年、ルーヴル美術館ドゥノン翼　ルーヴルのみならず西洋絵画を代表する存在といえるこの作品は、十数点しか生涯で残さなかったレオナルドのなかでも、数少ない「ほぼ完成作」であり、彼が最終的に到達したスフマート技法が徹底的に用いられた唯一の作品である。彼の庇護者だったフランソワ１世の居室を飾っていた。1911年にはイタリア人従業員だったヴィンチェンツォ・ペルージャによって盗み出され、逮捕後の1913年に返還された。興味深いことに、犯人はイタリアでは愛国者として称賛されている。かつてはギャラリーの壁に他の作品に混じって掛けられていたが、現在は特別室で展示されている。

徐々に宮殿へと姿を変えていく。百年戦争によってフランス王宮がここから離れた時期を経て、一七世紀にはほぼ今の姿になった。その後も断続的にフランスの政治の中心であり続け、度々歴史的事件の証人となった。そして啓蒙思想がヨーロッパで高まった一八世紀になると、教皇庁の美術コレクションだったローマのカピトリーノ美術館が一七三四年に一般公開されたのを皮切りに、王室コレクションを一般に公開すべきとの動きがフランスでも巻き起こる。これをうけて一七七六年、ときの王室建造物局総監ダンジヴィレ伯爵によって、公開展示を目的としたルーヴルの美術館への改装が決定された。

夜のルーヴル美術館外観

この決定はフランス革命によって頓挫するものの、人民主権を打ち出した革命政府の立法議会は一七九一年、ダンジヴィレ案をあらためて正式に採用し、その二年後の一七九三年にルーヴルは美術館として生まれ変わり、一般公開が始まった。かつて王室の私的な所有物だった美術コレクションは、広く一般市民の共有物となった。このことはたんにパリのいち美術館の出来事にとどまらない。それは今日の世界のあらゆる美術館が誕生するもととなった起点のひとつなのだから。

第二章　キリスト教中世のパリ

†フランスの誕生

　メロヴィング王朝はその後約二世紀間にわたって、三つの分王国に分かれた状態にあり、ひとつの統一国家に戻ることはなかった。しかもその内部もしばしば分裂と統合がくりかえされ、王権は弱まっていった。そうした状況のなかで、分王国のひとつで宮宰をつとめていたカール（シャルル）・マルテルが力を増し、三分王国すべての宮宰を兼ねるまでになる。宮宰はラテン語でマーヨル・ドムス（大いなる家人）といい、行政職のトップの位置にあった（事務総長や総理大臣に近い）。

彼の権勢を確固たるものとした要因のひとつが、イスラムの侵攻を食い止めたことだ。七世紀初めに中東地域で興ったイスラム教勢力は、爆発的に版図を広げてヨーロッパに侵入し、たちまちイベリア半島を征服した。そしてピレネー山脈を越えてフランスへと侵攻してきたのだが、カール・マルテルは連合軍を率いて、トゥール―ポワチエ間で七三二年にこれに勝利する。彼の子ピピンも統率力と政治力に秀で、メロヴィング朝の王に退位を迫って自らピピン三世として即位した。こうしてカロリング朝がスタートするのだが、彼は簒奪した王位を正当化するためにも教会で塗油の儀式を受け、神権の後ろ盾を得ることで自らの権威をますます高めた。その見返りとしてイタリア北東部の征服地を教皇に寄進したことで教皇領が誕生したことは、「ピピンの寄進」としてよく知られている。

カロリング朝の国力は、ピピンの子シャルルマーニュ（カール大帝）によるさらなる領土拡大でいよいよ高まり、八〇〇年、彼はローマで「ローマ皇帝」として戴冠する。しかし、カロリング王朝の創始期の親子三代のうち、最初のカール・マルテルと子ピピン三世はサン＝ドニ大聖堂（第九章を参照されたい）に埋葬されたが、三世代目のシャルルマーニュは彼が宮廷をおいたアーヘンに葬られた。シャルルマーニュの大帝国の首都はもはやパリではなく、そのため、カロリング期のパリは二流都市だったとみなす研究者と、人口増にともなう地域経済力の大きさや学府としての地位などの点で、パリはカロリング朝でも変わらぬ重要性を保っていたとする研究者とで意見が分かれている。ともあれ、政治面におけるパリの凋落は明らかだった。

†国の原型

メロヴィング朝は分割相続によって衰弱していったが、外敵の侵入に加えて、カロリング朝もまたいくつかの要因によって衰退していく。そして、それはキリスト教の発展と歩みを同じくしていた。

ローマ教皇は、かつてはエルサレムなどと並んで五大司教（主教）座のひとつにすぎなかったが、キリストの一番弟子でローマまで布教に来て処刑された使徒ペテロをローマの初代司教とみなす見方によって、ローマ司教が特別な地位を獲得していった。その権威は五世紀の教皇レオ一世の頃に固まり、先述したピピン三世の寄進によって教皇領が誕生し、かつ王や皇帝の戴冠に際し塗油をほどこす役割を得たことで、その権勢はさらに高まった。

それまで自領を持たなかった教会は、「十分の一税」を集めることで運営されていた。今日の消費税よろしく、すべての経済活動の一割を教会におさめる税のことである。この税のシステムは、しかし教皇領の誕生以降も整備されていき、これをカロリング朝全住民の義務としたシャルルマーニュによる七七九年の勅令によって、西ヨーロッパの津々浦々にまでこのシステムが行きわたった。

まるで日本の小学校の学区制のように、一定の区域にひとつずつ教会が設けられた。この区域を教区と呼び、その教会を教区教会と呼ぶ。これが実質的な最小単位の行政区となる。教区はいくつか集まって司教区を形成し、司教がひとり置かれて、区域内にあるすべての教会を束ねる役目を果たす。いわゆる大聖堂とは司教座教会（カテドラル）のことであり、文字通り司教がいる教会を意味する。教会に入ってくる十分の一税の総額は相当なものになる。教会はそこから生活費や活動費をまかなわなければならないが、それでもかなりの余剰金が発生し、司教区ごとに司教のもとに集められた。つまり経済的な面で、司教は相当に〝旨みのある〟ポストでもあった。

これら司教区は今日の県や市にあたる行政単位となり、戦時には兵の招集の際にも司教区が活用された。行政組織の役人の長である「伯（コント）」はたいていその地方の有力者がつとめていたが、実際には司教が兼ねているケースが多かった。彼らは要するに領地を持つ豪族にほかならず、世襲制によって徐々に地方の独立勢力となっていった。司教はカトリック教会の聖職者なので生涯童貞であり、子ができないため世襲できないのでは、と思われた方も多いと思うが、かつては必ずしも生涯童貞である必要はなく、ルールが定められたのもずっと後の一二世紀のことである。

彼ら地方豪族の勢力が伸長するにつれて中央宮廷の統治力は弱まっていき、相続を争う内乱の果てに、八四三年のヴェルダン条約によってカロリング朝フランク帝国は三つに分割された。西フランク、東フランク、ロタール領の三国であり、それぞれ今日のフランス、ドイツ、イタリアの原型となった。

そして九世紀には、またひとつあらたな脅威がパリを襲う。ヴァイキングの侵攻である。彼らはもともとスカンディナヴィア地域に住んでいたゲルマン系部族だったが、暖かい土地を求めてだろうか、さほど確たる動因のないまま南下を始めた。やや小ぶりな船をオール漕ぎによって巧みに操り、バルト海から北海にかけて沿岸部を荒らしまわった彼らは、ブリテン島に上陸し、またフランス地域にも侵入してきた。「ノルマン人（北の人）」と呼ばれた彼らはセーヌ河も難なく遡り、パリも略奪の対象となった。それまでの主たる居住区であった左岸は占領されて破壊され、湿地帯のためあまり発展していなかった右岸へと移住した人々によって結果的にパリの市域が広がった。ノルマンのパリ襲撃は数十年間にわたって断続的に繰り返され、なかでも八八五年から翌年にかけての攻防はその激しさで知られている。要塞化が進められたシテ島を砦に、諸侯に率いられてパリ市民も防衛に奮闘した。パリはなんとか面目を保ったが、疲弊したフランクは、ノルマンにセーヌ河口域一帯を割譲せざるをえなかった。こうして九一一年に誕生したノルマンディー公領は、後にイギリスを征服するほどの勢力を持つことになる。

†カペー朝――フランス代々の王家の祖

西フランクの王位はカロリング朝の家系が継いでいたが、地方豪族の勢力はますます強まり、ブルゴーニュ公領やノルマンディー公領、ガスコーニュ公領やバルセロナ伯領など、国内には十以上の地方領（領邦）が形成された。彼らは「君主」を自称し、称号として、伯のほかに公（デュク）や侯（マルキ）も用いられるようになった。ただ「公・侯・伯・子・男」という爵位の高低の順は、実際にはそれほど厳密なものではない。

地方領の強大化は、すなわち王権の弱体化を意味する。こうした流れに乗って、八八八年にはカロリング家ではないロベール家出身のパリ伯ウードが王位に就く。彼はノルマンとの戦いで勝利をおさめた英雄だった。その後はまたカロリング家に王位が戻るが、有力領邦君主によって構成される大諸侯会議が国の実質的な意思決定機関となっていた。

九八七年、ルイ五世が狩りの最中に落馬して命を落とす。彼には男児がいなかったため、大諸侯会議はロベール家のユーグ・カペーを王に選んだ。聖職者がまとうケープを意味するカペーを綽名とするユーグは、ウードの甥の子にあたる。ユーグはすぐに子ロベールを共王（共同統治する王）に指名し、世襲を開始する。これがカペー朝であり、その後、フランス革命の時代に至るまでの約八百年間にわたって、フランス王家はなんらかの形でユーグ・カペーの血を引いている。そしてたいていの歴史書は、このユーグの即位をもって「フランスの誕生」の年とみなしている。

パリとその周辺地域の領邦君主にすぎなかったロベール家（カペー朝）だが、なぜか後継者たちがいずれも長寿をまっとうし（実際に「カペーの奇跡」と呼ばれている）、さらに教会勢力との良好な関係を背景に、徐々に支配地域を広げながら領邦君主たちとの主従関係を強固なものにしていった。

さて、ノルマンディー公領が一〇六六年にブリテン島に上陸し、ノルマン人のイングランド王が誕生する。そしてその約百年後には、アンジュー伯アンリがイングランド王ヘンリー（アンリの英語読み）二世として即位し、くわえてノルマンディー公位も継ぐ。ヘンリー二世から始まるイングランド王家をプランタジネット朝と呼ぶが、結果的にフランスを含む大陸内部に広大な領地を持つ国が突如誕生したに等しく、その脅威を排除するためにも、フランス王ルイ七世はノルマンディー公としてのアンリには自らの臣下の礼をとらせ、さらにはお互いの子を婚約させた。ことほどさように中世の権力構造は複雑である。

ちなみに彼ら二人の王のどちらにも嫁いだ、アリエノールという女性がいる。彼女はアキテーヌ（ガスコーニュ）という南仏の公領の継承者であり、ルイ七世の妃となったが、十字軍遠征の間に夫婦間に亀裂が入って離婚。当時は、結婚の際に花嫁側の実家が持たせる持参金を、離婚時にすべて妻に返さねばならず、そのため広大なアキテーヌ公領はアリエノールが再婚した相手であるヘンリー二世の版図に入った。彼女は仏王と英王の間にあわせて十人の子をもうけ、各地の君主に嫁いだ娘たちもまた多くの子を産んだため、その後のヨーロッパ各地の王家には彼女の血脈に連なる者が多くいる。そのためアリエノールは「ヨーロッパの祖母」とも呼ばれている。

†王都パリの建設

カペー朝七代目のフィリップ二世は、オーギュスト（尊厳王）の綽名で知られている。先述したルイ七世の子で、父王の死をうけて一五歳の若さで単独の王として即位した。在位期間は四十年あまりにおよび、戦争に明け暮れたが最終的にはフランス王権を強固にすることに成功している。彼が参加した第三回十字軍遠征は俗に「諸王十字軍」と呼ばれ、フィリップ・オーギュストに加えて、イングランド王リチャード一世（獅子心王、ヘンリー二世とアリエノール・ダキテーヌの子）と神聖ローマ（ドイツ）皇帝フリードリヒ一世（赤髭王）の三国の王が参戦した。イスラムの英雄サラーフッディーン（サラディン）を相手に善戦したが、赤髭王が渡河中に落馬して溺死（おそらく鎧の重さで起き上がれなかったため）するなどして聖地エルサレムの奪還は果たせずに終わった。

フィリップ・オーギュストは国内ではプランタジネット朝が持つ諸領との領土紛争が続いたが、獅子心王の跡を継いだイングランド王ジョン（獅子心王の弟）からは多くの領地を取り戻すことに成功した。ジョンは「失地王」の名に恥じぬ負けっぷりを示したが、その結果として、イングランドでは王の権利を制限するためのマグナ・カルタが制定され、その後のあらゆる憲法の祖となったのだから、怪我の功名と言うべきか。

フィリップ・オーギュストはまた、妻と離婚を宣言して別の女性と結婚したが、教皇から離婚を認められなかった。彼はそれでもなおかつ元妻を無視して新妻と別れなかったため、教皇から破門されたあげく、フランス全土も聖務停止に処された。これはミサや洗礼、結婚などが一切おこなわれなくなることを意味する。葬儀もしないため、パリの墓地には土葬されぬまま地上に遺体が並べられ、あたりに腐臭が漂ったと伝えられている。

カペー朝の王宮はシテ島にあった。これを「シテ宮殿」と呼ぶが、もともとルテティア時代の要塞だった建物にクローヴィスが住み始めたため、メロヴィング朝の王宮となり、カペー朝でも引き続き王の居城として使用された。ただ当初は移動宮廷の時代であり、オルレアンなど他の居城に、王にともなって政府ごと移るシステムがとられていた。

†シテ島の整備と大聖堂

パリにほぼ常駐し、王都として整備したのはフィリップ・オーギュストである。彼は都市機能の整備を進め、シテ宮殿に裁判所を置き、文書館を設置した。パリの道路はそれまで未舗装だったが、彼はシテ宮殿の周辺道路をローマ式の石畳で舗装した。また上下水道を拡充・整備し、最初の市壁を周囲に築く。それまでパリにあった防御壁といえば、シテ島をぐるりと囲む壁しかなかったが、この時に左岸と右岸の居住区を囲むように、かなりの高さを持つ石積みの堅牢な城壁ができあがった（図2-1、2-2）。ただ、内部はシテ島を中心に半径一キロメートルほどの円を描いた程度の広さしかなかった。その後も、人口増にともない右岸にはあらたな城壁が外側に付け足されていったが、さらに広い範囲を囲む市壁が建設されるには一八世紀後半まで待たなければならない。ちなみに現在の特別区の境界である大環状道路の元となった城壁は、一九世紀半ばの建設である。

ルーヴル宮殿の原型である要塞を建てさせたのもフィリップ・オーギュストであり、ルーヴル美術館の地下にはこの要塞の基礎部分が残っている（三八頁左図）。そして一一六三年にパリ司教モーリス・ド・スッリーによって始められていたシテ島の教会建築がほぼ完成するのも彼の治世の間である。ガロ・ロマン時代にはローマの主神ユピテル（ギリシャ神

図2-1　フィリップ・オーギュストの市壁の遺跡、ジャルダン・サン＝ポール通り　右岸の東の境界だった壁の一部。1180年から1210年の建造で、現在はコレージュ・シャルルマーニュという学校の建物の一部に取り込まれている。フランスに限ったことではないが、歴史的建造物の一部をそのまま再利用して建てられた建物の多いこと。

図2-2　フィリップ・オーギュストの市壁の遺跡、クロヴィス通り　こちらは左岸の東の境界だった壁の一部。学校とふつうのアパルトマン（アパート）の間に、ごく当然のことのように残っている。人のサイズとの比較でわかるように、10メートルほどの高さと4メートルもの厚さをもつ、相当に堅固な壁である。

話のゼウスに相当）神殿があった場所に建てられ始めたこの教会は、その後も拡張と改修を重ね、一三四五年にほぼ完成する。約二百年間にわたって建設されたこの大教会こそ、世界に冠たるノートルダム大聖堂である（図2-3）。

　それまでの教会建築は、古代ローマから用いられていた半円アーチを連ねたトンネル・ヴォールト（穹窿）を天井構造として用いていた。カマボコ型のこの構造は、ローマ風を意味する「ロマネスク様式」と呼ばれている。しかしド・スッリーはここシテ島において、その頃ようやく登場したばかりのあらたな天井構造を採用した。これは半円アーチをX字の形に交差させる工法であり、そのため交差ヴォールトと呼ばれている（図2-4）。ゲルマンが持ち込んだ技術ではないが、後発の工法のため、ゴート風を意味する「ゴシック様式（フランス語でゴティク）」と名付けられた。

　ロマネスクからゴシックへの変化は、明らかな技術的進歩と言える。というのも、交差ヴォールトのX字を並べた天井は、半円を四五度傾けて見る形となるため、縦長の尖頭ア

図2-3　ノートルダム大聖堂、ファサード（正面）

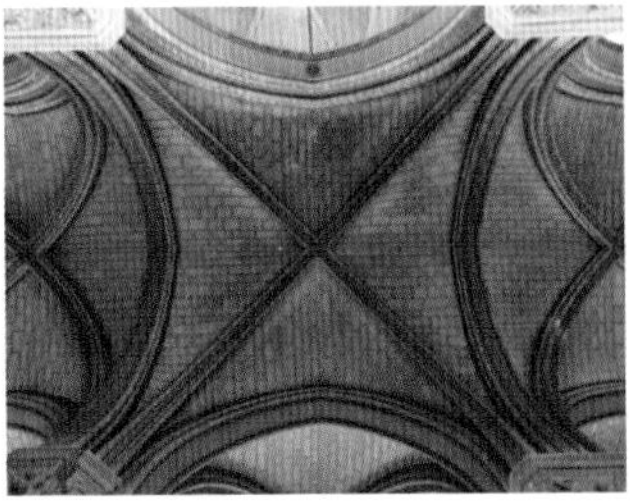

図2-4　ノートルダム大聖堂、交差ヴォールト

ーチとなる。卵を横向きで握るか縦向きかの違いでわかるように、尖頭アーチは半円アーチに比べて上からの荷重を増やすことができ、間口（柱と柱の間）も広げることができる。結果的にゴシック教会は「より広く、より明るい」という特長を得る。それはより多くの信者の収容につながり、祈りがより天に届きやすくなるという信仰上の利点につながる。

さらには、交差ヴォールトでは屋根自体の重量を四隅の柱に集中させることができる。側壁のあらゆる地点に同じ荷重がかかるロマネスクと異なり、ゴシックでは窓を大きく設けることが可能となった。ガラス体では荷重を支えることができないため、それまで大きなガラス窓は使用できなかったが、ゴシック教会では大きなガラス窓が登場し、それならば説話場面を色ガラスで描いてしまおうと、美しく光輝くステンドグラスが誕生した（図2-5）。

パリ市民は、自分たちの信仰生活の中心地となるノートルダム大聖堂を、それまでに例を見ないサイズの教会とすることを狙った。全長一二八メートル、全幅四八メートル。ファサードにある二本の塔の高さは六九メートル、身廊部の床から天井までの高さは三三メートルにおよぶ。そのため屋根自体が持つ重量も膨らんだ。ヴォールトを支える側壁も、耐荷重量の限界を超えると外側に倒れてしまうため、外側へ、外側へと荷重を逃がすための構造が考案された。これをフライング・バットレスと呼ぶが、換言すれば壁が倒れてこ

図２－５　ノートルダム大聖堂、薔薇窓

ないように支える腕のようなものだ。このため、教会を外側から眺めると、まるで肋骨のような構造がずらっと並んでいる（図2-6）。ついでに、教会の外壁で目に留まるもののひとつがガーゴイルである（図2-7）。もともとは雨樋《あまどい》にすぎないが、水が通る際のゴボゴボという音が、喉をゴロゴロ鳴らす音の擬音語ガールを連想させたためその名がある。そして壁伝いに水が流れないよう、壁から排水口を離して横長に突き出た形状を持つため、排水口を口に見立てた蛙や蛇の姿をとるようになった。悪魔的な姿を持つものは、毒をもって毒を制すのことわざに似て、聖域に悪霊を入れないための一種の狛犬的役割を持ってい

図2-6　ノートルダム大聖堂、フライング・バットレス

図2-7　ノートルダム大聖堂、外壁のガーゴイル

図2-8　修理中のノートルダム大聖堂　2019年４月15日に発生した火災により、身廊部と翼廊部の天井、および交差部に載っていた高さ96メートルの尖塔が焼け落ちた。大聖堂建立以来、火災としては最大規模のものであり、この悲劇は衝撃をもって世界中に伝えられた。その後、2024年末の全面公開を目指して、５年計画で修理が進められた。

る。

ノートルダム大聖堂には聖人の遺骨の一部などさまざまな聖遺物があるが、そのなかにフィリップ・オーギュストの二代のちの王ルイ九世にまつわる聖遺物がある。それは彼が自らを鞭打つために使ったとされる鞭（自懲鞭）である（図2-9）。彼はキリストの苦難を想いながら自らを鞭打ち、あるいは聖職者に自分を鞭打ちさせたとされる。彼が生きた一三世紀には、同様に自らの背中をめがけて肩越しに鞭をふるいながら行進する鞭打苦行がイタリアを中心に流行した。かなりファナティックな信仰形態のためその後異端とされた

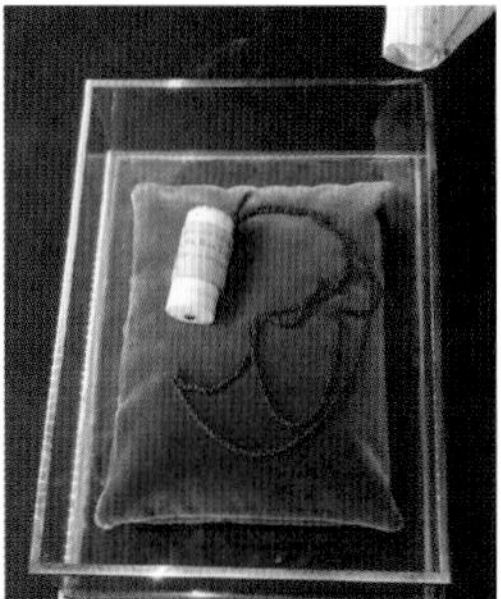

図2-9　聖王ルイ９世の自懲鞭、ノートルダム大聖堂　象牙製の持ち手に、金属製の鞭が付けられている。

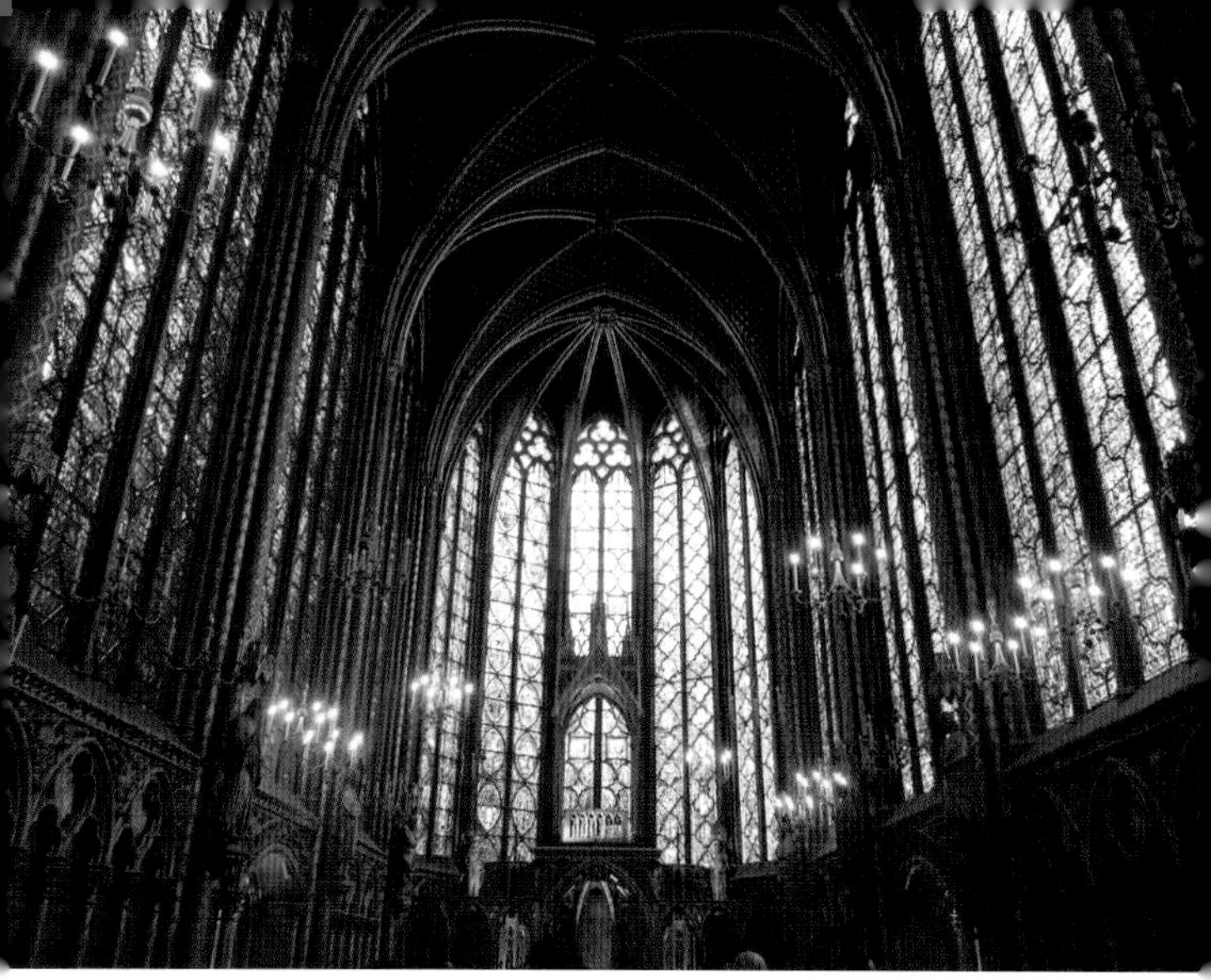

図2-10　サント・シャペルの内部

が、現代に至るまで、同様の苦行をおこなう信仰グループは常に存在する。

この伝説でわかる通りルイ九世は超が付くほどの敬虔な信者であり、その謹直な人柄や救貧院設立などの慈善事業、聖遺物収集への熱、そして二度も十字軍遠征に出かけるなどのおこないによって死後三〇年足らずという異例のスピードで列聖された。そのため聖王ルイと綽名されたが、ただ彼が参加した末期十字軍（第七回と第八回）にはもはやイスラム勢力に抗するだけの力はなく、彼も捕虜となるなど大敗を喫しており、遠征先でペストに罹患して世を去った。

彼は膨大な数にのぼった聖遺物をおさめるために、シテ宮殿内に教会をあらたに建てた。これがサント・シャペル（聖礼拝堂の意）であり、「世界で最も美しいステンドグラス」として高い人気を誇っている（図2-10）。ゴシック建築の技術の粋がいかされており、柱の間はすべてステンドグラスで埋め尽くされ、聖書の説話場面などが描かれている。外光がさまざまな色彩をまとって降りそそぐ内部空間は荘厳で、地震があまり起きないフランスが少し羨ましくなる。一二四八年に完成するまでにかかった費用はざっと四万リーヴルと見積もられている。今日の貨幣価値に無理やり換算すると数十億円といったところだが、驚くなかれ、聖王ルイが一二三九年にビザンチン（東ローマ）皇帝から購入した「茨の冠（キリストが拷問の一種として受難時に被らされたとされるもの）」の額は、なんと一三万五〇〇〇リーヴルにのぼった。

†ヴァロワ朝と最初の共和主義者

三世紀以上続いたカペー朝だったが、跡継ぎが絶えたため、血縁のあるヴァロワ伯からあらたな王が選出された。「幸運王」の綽名の通り、棚からぼた餅的にフランス王となったフィリップ六世だったが、彼の治世中にイングランドとの間に開かれた戦端はその後断続的に百年以上続く「百年戦争」へと発展する。彼から始まるヴァロワ朝は一六世紀のおわりまで二五〇年以上続くが、その前半はずっと戦争中だったことになる。さらには彼の治世中にヨーロッパに初めてペスト（黒死病）が入り込み、その後何度も流行しては甚大な被害を出し続けていく。

彼の跡を継いだジャン二世（善良王）の時代にも、良いことがあまりない。彼はイングランドとの戦いで捕虜となり、最期はイングランドで虜囚のまま世を去った。その間、王不在のパリでは商人頭（プレヴォ）が実質的なパリ市長として行政を担っていた。善良王の名には腰抜けの意も多分に含まれており、王はイングランドに領土の割譲を約束させられ、あまつさえパリ市民に対しては、ちゃんと割譲の約束を履行するよう催促の使者を送ってきた。パリ市民は激怒し、徒党を組んでシテ宮へとなだれ込んだ。

宮殿内には善良王の長男である王太子シャルル（後のシャルル五世）がいて、商人頭エティエンヌ・マルセルに率いられた市民たちは、貴族と聖職者に加えて自分たちブルジョワ層による第三身分からなる「三部会」の制定を王に認めさせた。後のフランス革命は第三身分によるクーデターという一面があるが、その身分がここに定められたのである。

目の前で高官を殺害されるなどした王太子シャルルはパリを出て、支援者のいる地方をまわりながら、逆にパリを経済封鎖して圧力をかける。エティエンヌ・マルセルは対抗上、イングランド勢力の助けを借りようとしたためパリ市民の支持を一気に失い、結局は暗殺されてしまう。しかし君主制を打破して市民による行政を掲げた点で、彼は最初の共和制の実践者となったと言える。

†牢獄と狩猟の館

一方、王太子はシャルル五世として戴冠した後、国王軍を常備化して、先代が失った領土をかなり取り戻すことに成功した。また彼は税制を整備するなどしたため、賢明王と綽名された。彼はかつての凄惨な記憶のあるシテ宮を出て、ある城館に移った後、ルーヴル宮殿を居と定めた。シテ宮はもはや王宮ではなくなったが、その後も立法府として、また裁判所と牢獄として重要な役目を担った。それ以来、この建物はコンシェルジュ（門番）から派生したコンシェルジュリーの名で呼ばれるようになる（図2-11）。建物の北東の角にはシャルル五世の時計塔が建っている（図2-12）。彼がアンリ・ド・ヴィックに造らせた大時計をここに設置したのは一三七〇年のことであり、もちろんパリで最初の市街時計だった。そして後のフランス革命期になると無数の貴族や市民が投獄されたが、その多くが一級の牢獄となっていたコンシェルジュリーに収監された。ここで処刑の日までを過ごした囚人の数は恐怖政治の二年間で二七〇〇名にのぼった。そのなかにはマリー・アントワネットや（図2-13）、恐怖政治を始めた張本人であるロベスピエールもいた。

シャルル五世の時代に整備されたもうひとつの重要な建物がヴァンセンヌ城である。パ

図2-11　コンシェルジュリー、衛兵の間　改修や再建で姿を変えてきたコンシェルジュリーのなかで、カペー朝の王宮時代の姿をよく残しているのが「衛兵の間」である。ゴシック建築の交差ヴォールトを力強い列柱が支えている。

図2-13　コンシェルジュリー内に復元されたマリー・アントワネットの独房　王妃が処刑までの約2カ月半を過ごした独房は、1989年に復元された。床やユリ柄の壁装飾は当時のままで、家具はこの独房にあったそのものではないが、当時のコンシェルジュリーの備品リストにあったものが展示されている。

図2-12　シャルル5世の時計塔　1370年の設置後、文字盤は1585年に法と正義を示す現在のものに置き換えられた。両替橋のたもとに位置し、かつては多くのパリ市民に時を知らせてきたが、19世紀に商事裁判所がコンシェルジュリーの真向かいに建てられたため、大時計を見ることのできるポイントは著しく狭くなった。

図2-14　ヴァンセンヌ城のドンジョン　正方形のプランをもち、四方に塔を備える構造。中世で最も高い砦塔だった。

図2-15　ドンジョンからの眺め、ヴァンセンヌ城　城内にはさまざまな時代の建物が並んでいる。画面右下に少しだけ見える窪みはドンジョンを取り囲むお濠の跡。左にある華麗なゴシック建築もやはりシャルル5世が建て始めたものだが、献堂は1552年と、完成までに170年以上の歳月を要した。パリのサント・シャペル（62頁）をモデルとしており、同じ名前が与えられている。右奥に見える館は17世紀の建造。

図2-16　エマニュエル・フレミエ〈ジャンヌダルク騎馬像〉1874年、ピラミッド広場　百年戦争末期のフランスの救世主といえばジャンヌ・ダルクだが、パリ奪還を試みて負傷した場所の近くにあるピラミッド広場（ルーヴル美術館の北西端にある広場）に彼女の記念像が建っている。1870年の普仏戦争での敗北をうけ、そこからの再起の気運を醸成するために政府が注文したもの。

リの外縁の大環状の東と西の端にひとつずつ森があって、西がブーローニュ、東にあるのがヴァンセンヌの森である。この森ははやくも一一世紀に狩猟用としてカロリング王家が修道院から購入したもので、最初は小さな狩猟小屋から始まって、フィリップ・オーギュストによって離宮として拡張され、ヴァロワ朝によって堂々たる城砦へと変えられた。五二メートルの高さがあり、重厚さで周囲を睥睨《へいげい》するドンジョン（主塔）はシャルル五世によって建てられた（図2－14）。ヴァロワ朝の王たちの多くがここで長い時間を過ごしたため、「中世のヴェルサイユ」とも呼ばれたが、一七世紀にはその地位をヴェルサイユ宮殿に譲った。そのため、ここもまた牢獄が主たる役割となった。変わったところでは、一八世紀半ばの二十年間ほどだが、郊外のシャンティイから逃げ出したふたりの磁器職人がここに住み込み、製造を始めたために一種の陶磁器工場と化していた。

図2－17　サン・ジャック塔　中世末期の名残りをしめす建物のひとつ。十二使徒のひとり聖大ヤコブ（フランス語でサン・ジャック）に捧げられ、12世紀に設立されたサン・ジャック・ラ・ブーシュリー修道院は18世紀末に破壊され、16世紀に建てられていたこの塔だけが残った。スペインの北西端にあるサンティアゴ（聖大ヤコブのスペイン語読み）・デ・コンポステーラは中世を代表する巡礼地であり、ヨーロッパ各国から彼《か》の地を目指して巡礼者が出発したが、パリでは同じ聖人にゆかりのあるこの塔が巡礼路の出発点となっていた。

colonne
パリの美術館
2

クリュニー美術館

パリの主要な美術館・博物館は、それぞれのコレクションが属する時代区分ごとにおおまかに分かれているので、好みに合わせて鑑賞するのに向いている。ルーヴル美術館は太古とルネサンスを中心にしつつ、ほぼ全時代をカヴァーする総合型美術館だが、中世に特化したければクリュニー、ルネサンスと民俗文化ならカルナヴァレ、近代はオルセー、印象派ならマルモッタンとオランジュリー、そして現代美術ならポンピドゥー・センターに行けばまず間違いない。

第一章ですでに触れたように、クリュニー美術館がある場所には、もともと二世紀末に建てられた公衆浴場があった（図1-4）。それがゲルマン民族の侵攻によ

クリュニー美術館中庭　15世紀に建てられた城館。美術館内にあるカフェからもこの中庭に出ることができる。

って破壊された後、クリュニー修道院が遺構を購入して美しい城館へと生まれ変わった。美術館の半分ほどは旧公衆浴場の基礎構造をそのまま用いて増築されており、大展示室のむき出しの煉瓦壁もその長い歴史を想像させてくれる（下右図）。

　コレクションはガロ・ローマン時代のものから、ビザンチンやフランスなどの中世美術が中心で、なかにはフランス革命期に頭部だけ落とされた王たちの彫像など、かつてノートルダム大

〈アダム〉1260年頃、クリュニー美術館　イル＝ド＝フランスで採られたライムストーンによる、高さ２メートルの大型彫像で、かつてはエヴァ像（消失）とセットでノートルダム大聖堂の南扉裏を飾っていた。

クリュニー美術館大展示室　ガロ・ロマン時代の公衆浴場のホールだが、諸説あるもののこの部屋の用途が何だったかは実はよく分かっていない。

聖堂やサン＝ドニ大聖堂を飾っていた作品も展示されている。

コレクションを代表する〈一角獣と貴婦人のタペストリー〉は名高いが、クリュニ

〈騎馬槍試合の宝物箱〉14世紀第1四半期、クリュニー美術館　象牙レリーフ板と鍍金した銅を材料にパリで制作されたこの大型の宝物箱は、聖遺物や貴重な写本などをおさめるのに用いられた。上面中央に騎馬槍試合（ジオストラ）の場面があらわされており、中世フランスで人気を博した長詩『薔薇物語』から着想を得たものと思われる。

クリュニー館礼拝堂　15世紀末に増築された礼拝堂で、美術館上階の隅にある。魚の骨のようなアーチの連なりが、イギリスのゴシック様式教会を思わせる。

〈象牙櫛〉15世紀後半、クリュニー美術館　おそらくフランス北部で制作された象牙製の櫛で、部分的に鍍金と彩色が施されている。図柄は東方三博士の礼拝で、裏面には受胎告知の場面が描かれている。

ー美術館には絵画や彫刻だけでなく、家具や鎧、チェス盤や櫛といったような、当時の人々（といっても貴族や富裕層だが）が日々の暮らしのなかで実際に用いていた品が展示されている点で、歴史資料館としても高い重要性を有している。

〈一角獣と貴婦人のタペストリー〉15世紀、クリュニー美術館　想像上の動物であるユニコーンは、処女にだけ懐き、それ以外の人が近づくとその鋭い角で刺し殺すとされていた。６枚連作のこのタペストリーは、花園にいる貴婦人とユニコーンの図像で構成されている。そのうち５枚は人間の五感をそれぞれ主題としていることがほぼ明らかだが、最も大きな１枚（画面右）の意味するところだけがいまだ謎のままである。貴婦人の頭上を覆う天蓋の上部に、「Mon seul désir（私の唯一の望み）」との文字が織り込まれている。

第三章

王家のパリ

†ブルボン王朝

中世からルネサンスにかけてのフランスで玉座にあったヴァロワ朝だが、先述したように政権を担っていた時期の前半は常に戦争状態にあった。長年続いた百年戦争が一四五三年にようやく終結した時、イタリアは盛期ルネサンスの時代を迎えていたが、フランスにその波はまだ及んでいなかった。そのなかで一五一五年に即位したフランソワ一世は、レオナルド・ダ・ヴィンチをはじめイタリアから多くの著名な芸術家を招聘し、文化振興をはかった。彼は公的にはパリを王都として久々に定めた王ではあったが、実際には彼が望む通りに建設させたフォンテーヌブロー宮殿（第九章参照）がお気に入りで、パリにいるよりも長い時間を過ごしていた。

一六世紀後半になると、南ドイツで始まったプロテスタント運動がフランスにも波及し、カトリック教会からの分裂が決定的となる。新旧キリスト教勢力の衝突はフランスでも激しくなり、いわゆるユグノー戦争が勃発する。ユグノーとはフランスで広まっていたカルヴァン派のプロテスタントのことで、のちにブルボン王朝の初代アンリ四世となるナヴァール（現スペインのバスク地方）公アンリははじめユグノーの信徒だった。

その頃、混乱期にあったフランスで権力の座についていたのはカトリーヌ・ド・メディシスという女性である。彼女はフィレンツェの大銀行家メディチ家の出身で（イタリアではカテリーナ・デ・メディチ）、一四歳でフランス王家の妃となった。一〇万エキュの持参金はフランスの国家財政を救ったが、貴族たちは「金貸しの娘」とさんざん彼女を馬鹿にした。しかし一五五九年、夫のフランス王が馬上槍試合で事故死。跡を継いだ長男は早逝し、急遽即位した次男もわずか一〇歳だったため、カトリーヌが摂政となって、以降三〇年にわたって実権を握った。

彼女は新旧両派の融和を狙って、一五七二年八月に娘マルグリットとナヴァール公アンリを結婚させる。「マダム・セルパン（蛇夫人）」と綽名されたカトリーヌの策士っぷりが

図3－1　作者不詳の版画〈聖バルテルミーの虐殺〉16世紀第4四半期、パリ、フランス国立図書館　王宮の衛兵であるスイス兵たちが鎧兜で武装し、ユグノー派の人々を窓から放り投げ、遺体をセーヌに流す場面が描かれている。

うかがえるが、しかしこの結婚も融和には至らず、むしろ事態は悪化した。祝福に集まっていた両派のうち、ユグノー派の実力者コリニー提督が襲撃をうけて殺害され、これをきっかけにカトリック勢力によるユグノー派の虐殺が始まった。聖バルテルミーの日である八月二四日に始まったため「サン・バルテルミーの虐殺」と呼ばれるこの事件はフランス全土に拡大し、パリだけでも約三〇〇〇人もの犠牲者を出したと伝えられている（図3-1）。カトリックの監視下でなかば監禁状態の身となったナヴァール公アンリは、身を守るためにもカトリックへの改宗を余儀なくされた。

さて摂政カトリーヌ・ド・メディシスのもとで王位にあった子のシャルル九世は病弱で、二三歳の若さで結核によりヴァンセンヌ城で息をひきとった。その跡を弟が継いでアンリ三世として即位する。これでカトリーヌ・ド・メディシスの三人の子が相次いで王位に就いたことになる（そしてヴァロワ朝最後の三人の王ともなる）。ところがアンリ三世には世継ぎが生まれず（同性愛者だとする説が有力）、筆頭継承権者である弟が先立ってしまったため、ヴァロワ家には継承者がいなくなってしまった。

このような場合には、血縁が最も近い王族の男子に継承権を移すと法律で定めていた。この対象者となったのが先述したブルボン家のナヴァール公アンリである。同家はカペー朝の聖王ルイの子孫である。ナヴァール公アンリはいったんカトリックに改宗した後、監視状態を脱してほどなく、再びプロテスタントに改宗し直していた。虐殺事件以降、勢いがあったのは急進的なカトリック教徒であるギーズ公アンリ（同じ名を持つ人物がやたらといるので混同なさらぬよう）であり、このままではいずれ新教側に王冠が渡ってしまうことを恐れ、三つ巴の戦いが始まった（「三アンリの戦い」と呼ばれる）。

優勢なギーズ公の勢力拡大を恐れ、国王派はこれを暗殺。信仰に関しては穏健派である国王はナヴァール公と結び、カトリック勢力の支配下にあるパリへともに軍を進めた。しかし、今度は国王が急進派カトリックの修道士に襲われ、重傷を負ってしまう。瀕死の王はナヴァール公を後継者として正式に指名し、翌朝息をひきとった。ナヴァール公アンリはアンリ四世として即位。ブルボン朝が始まった。

王位には就いたもののパリ包囲は成功せず、王宮にも入れない状況にあった。しかし、カトリック側も次第に穏健派が主流となり、アンリ四世はカトリックにふたたび改宗することで両勢力は実質的に手打ちをした。彼は都合三度目となる改宗をサン＝ドニ大聖堂でおこない、一五九四年三月には市民からの歓声を浴びながらパリに入城し、ノートルダム大聖堂でのミサに列席した。新旧両派の対立構図は、王が一五九八年に発令した「ナントの勅令」によって、新教の信仰の自由を保障してようやく終結した。

一六世紀の終わりにはパリの人口は三〇万を数え、西ヨーロッパで最大の都市となっている（かつての百万都市ローマはこの時期一〇万人前後にすぎない）。いきおい為政者には都市機能の整備も求められ、アンリ四世もさっそくインフラ整備の事業をいくつか起こしている。

そのひとつが橋の建設である。もともとシテ島と両岸をつなぐ橋は、左岸にプティ・ポン（小橋）、右岸にグラン・ポン（大橋）のふたつしかなかった。大橋が一三世紀の終わりに洪水で失われた後、再建された橋の両側には店舗が並び、特に両替商が集まっていたため両替橋（ポン・オ・シャンジュ）と呼ばれるようになった。やがて左岸側にサン・ミシエル橋、右岸側にノートルダム橋が追加された。ノートルダム橋も両替橋同様、両側に店舗や工房、住居が建ち並ぶ姿をしていた（図3-2）。しかしこれらの橋は増水などでたびたび流され、そのたびに都市機能の一部が麻痺していた。そのため、アンリ四世は簡単には流されない頑丈さを持つあらたな橋の建造に着手した。こうしてできた橋は、「新しい橋」を意味するポン・ヌフの名で呼ばれている（図3-3）。

図3-2　ニコラ＝ジャン＝バティスト・ラグネ〈ノートルダム橋と両替橋の間での水上槍試合〉1756年、カルナヴァレ美術館　ブルゴーニュ公の誕生を祝ってセーヌ河でおこなわれたボートの行進と水上槍試合を描いたもので、両替橋からノートルダム橋を見たところ。騎馬槍試合の水上版といったところで、名物として人気があった。中央にあるのは揚水ポンプ。賑やかに店舗を両側に持つ橋は、今日でもフィレンツェのポンテ・ヴェッキオやヴェネツィアのリアルト橋などの例が残っている。

図3-3　ポン・ヌフとアンリ4世騎馬像　ポン・ヌフは両側に歩道を持つ初めての橋として建設された。シテ島の先端をまたいで左岸と右岸をつないでおり、その先端部にアンリ4世広場がある。ここには現在アンリ4世の騎馬像があるが（画面右奥に小さくその姿が写っている）、かつては処刑場のひとつでもあり、テンプル騎士団の団長ジャック・ド・モレーもここで火刑に処されている。

図3-4　ピエール＝オーギュスト・ルノワール〈ポン・ヌフ〉1872年、ワシントン、ナショナル・ギャラリー　建造後、たびたび画家たちのモチーフになってきたポン・ヌフを、ルノワールやモネ、ピサロら印象派の画家たちも採り上げている。本作品でも、右奥にアンリ4世騎馬像の姿を確認できる。

図3-5　カルーセル橋からシテ島方向をのぞむ　右奥にノートルダム大聖堂の姿がある。その手前に、シテ島の先端をまたぐようにポン・ヌフがあるのだが、手前にあるポン・デザール（芸術橋、かつて「愛の鍵の橋」として有名）で隠れている。パリのセーヌ河岸には遊歩道となっている箇所が多い。日本であればすぐに安全柵をずらっと立ててしまいそうだが、セーヌ河の遊歩岸はこの写真のように「落ちても自己責任」といった感覚。

アンリ四世はまた、街路を整備し、病院を建て、噴水を造らせるなどパリの美観の向上に邁進した。古代以降で最初の広場をパリに造ったのも彼であり、かつて国王広場と呼ばれていたヴォージュ広場は、美しい邸館に囲まれた一辺一四〇メートルほどの正方形をしており、市民の憩いの場となっている（図3-7）。

上：図3-6　かつて「愛の鍵の橋」だった頃のポン・デザール
ナポレオンによって架けられたこの歩行者専用の橋は、いつしかカップルが名前を書いた南京錠をかけて永遠の愛を誓う名所となっていた。しかし45トンを超える重量にふくれあがって一部が壊れたため、2015年に鍵が撤去された。写真はその直前に撮影したもの。なお鍵の撤去後、モンマルトルのサクレ・クール寺院前広場の柵があらたなターゲットとなっていたが、こちらも2023年から撤去作業がおこなわれている。
下：図3-7　ヴォージュ広場
非常に美しく整備されている広場で、シンメトリックな周囲の館もこの広場のためにデザインされた。木々の中央にルイ13世（アンリ4世の子）の騎馬像があるが、革命期にいったん溶かされ、その後再建された。

†王妃と愛人

さてアンリ四世は女好きとしても知られている。前述した最初の妻マルグリットとは宗派の違いもあって別居状態となり、ガブリエル・デストレという女性を愛人としていた。〈ガブリエル・デストレとその妹〉という一風変わった絵画（図3-8）では、右側がガブリエル、左がその妹のヴィヤール公爵夫人とされており、ふたりとも裸体の上半身を浴槽からのぞかせている。

ガブリエルにも一応は法律上の夫がいたが、王は二〇歳近く年下

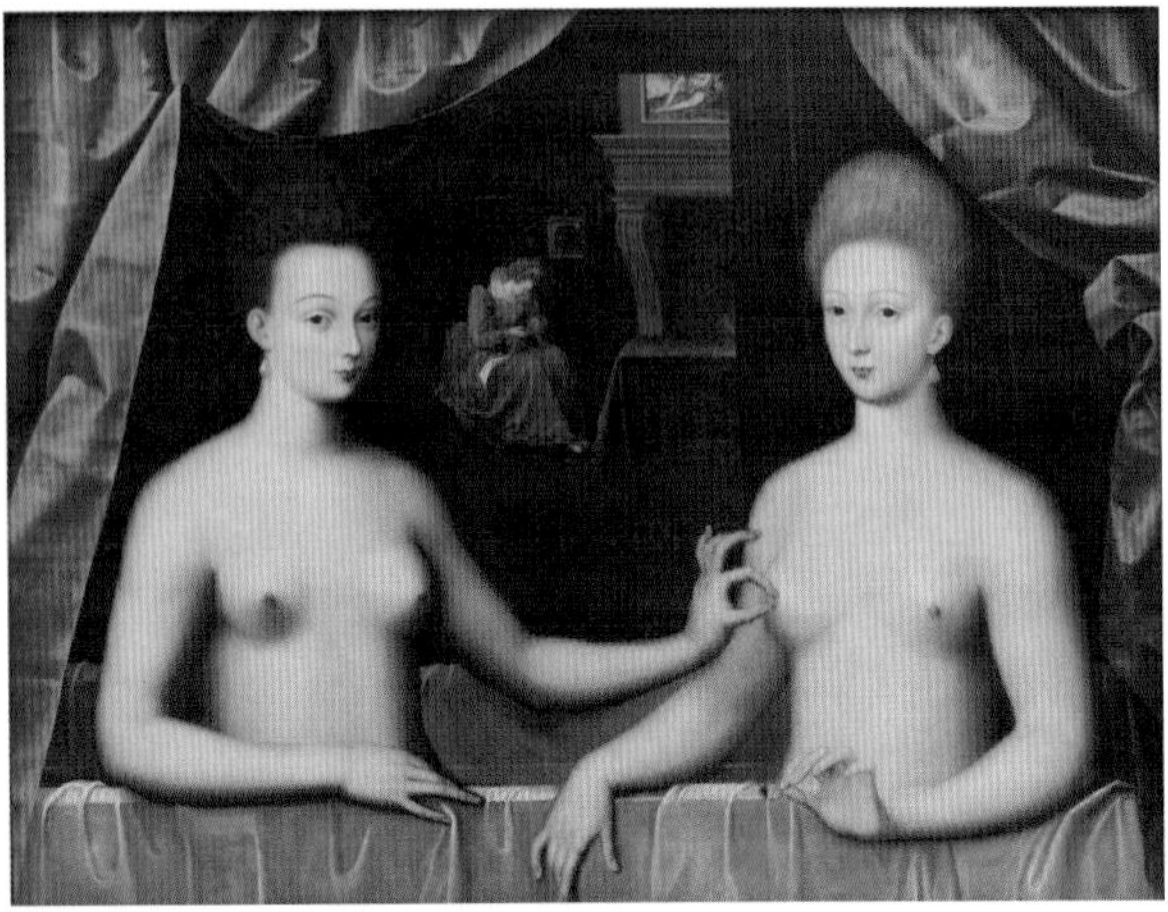

図3-8　フォンテーヌブロー派〈ガブリエル・デストレとその妹〉1594年頃、ルーヴル美術館　画面奥に女官らしきひとがいて、やがて生まれてくる子供のために編み物をしている。ガブリエルは指輪を指でつまんで見せているが、これは王からの贈り物であり、本当に愛されているのは私だという自信の表れでもある。

の彼女を寵愛し、やがて彼女は妊娠する。乳首をつまむという作中の仕草は、この第一子の懐妊を祝福するものに違いない。それが初乳の出をうながす行為だからだ。彼女は三人の子を産むが、正妻との間では子宝に恵まれなかった王は歓喜し、ガブリエルと彼女の夫との結婚の無効を宣言。彼女との再婚準備を進めた。しかしマルグリットが承諾をしぶっている間に、ガブリエルが四人目の子を死産し、それに起因する産褥熱で亡くなってしまった。

その後、アンリ四世とマルグリットとの離婚も成立する。美貌のマルグリットも夫に劣らず派手な恋愛遍歴が伝えられており、アレクサンドル・デュマの小説『王妃マルゴ』のモデルとなった。アンリ四世のほうは後妻としてイタリアからマリー・ド・メディシスを迎える。イタリア語読みでマリア・デ・メディチ、またしてもメディチ家の娘であり、今回も巨額の持参金でフランス政府の借金を帳消しにした。

夫婦の間には、後にルイ一三世となる長男をはじめ六人の子が生まれる。しかし王の遊びはおさまらず、王妃はたびたび嫉妬に苦しめられている。しかし一六一〇年五月、アンリ四世は暗殺によって命を落としてしまう。狂信的なカトリックのフランソワ・ラヴァイヤックという男が捕らえられ、単独犯として処刑されたが（図3-9）、より大きな組織による仕業に違いないとほとんどの歴史家が考えている。

父王の死をうけて、子の王太子ルイがルイ一三世として即位する。しかしわずか八歳の少年だったため、母マリー・ド・メディシスが摂政となった。彼女は夫が重用していた宰相や大臣をイタリア人に替えたりと、思い通りに実権をふるい始める。またルーヴル宮をあまり好まず、リュクサンブール家から左岸にある土地と邸館を購入し、メディチ家の居館であるフィレンツェのピッティ宮殿を参考に改装し始めた。当時メディシス宮殿と呼ばれていたこの宮殿は、その後もとのリュクサンブール宮殿の名に戻り、現在では上院議会（元老院）議事堂となっている（図3-11）。一〇年ほどをかけて完成した宮殿は、その壮麗さで評判となった。そして歩廊のひとつを飾るために当代一の大画家ルーベンスに、自らの一生を寓意《アレゴリー》化した二四枚の連作絵画を発注しており、現在はルーヴル美術館内に同連作のためだけの展示室が設けられている（図3-13）。

マリーは完成した同宮殿に居を移すが、ここでの暮らしを長くは楽しめなかった。それ

図3-9　フランツ・ホーヘンベルク〈フランソワ・ラヴァイヤックの処刑〉1610年頃、デュッセルドルフ大学図書館　グレーヴ広場でおこなわれたラヴァイヤックの公開処刑。長時間かけて少しずつ痛めつけ、最期は四肢を4頭の馬にひかせて切断するという処刑法がとられた。といっても人間の腱はそう簡単に切れないため、切れ込みを入れてからおこなわれる。これほど派手な方法をとるのは、見せしめと抑止力効果を狙うためでもあるが、公開処刑が当時の娯楽のひとつでもあったからだ。

図3-10　市庁舎前広場（旧グレーヴ広場）　市庁舎（オテル・ド・ヴィル）前の広場は、かつてはグレーヴ広場と呼ばれ、ながらく処刑場としても使われていた。ラヴァイヤックもここで処刑され、ルイ15世の暗殺を図ったロベール＝フランソワ・ダミアンもこの広場でやはり四つ裂きで処刑されている。公開処刑場としてあまりに有名だったため、カサノヴァが見物のために広場に面した部屋を借りたほど。

図3-11　リュクサンブール宮殿とその庭園

図3-13　ピーテル・パウル・ルーベンス「マリー・ド・メディシスの生涯」の連作、1622-25年、ルーヴル美術館メディシスの間（ルーベンスの間）　1621年に発注されたこの連作は、大工房をかまえていたルーベンスによって驚くほどの短期間で制作された。ルーベンスは実質的に外務大臣のような役職もこなしており、各国の宮廷から依頼をうけた。

図3-12　メートル原器　1790年にパリで「子午線の1000万分の１を１メートルとする」と規定され、基準となる原器が作られた。この原器はその時のもので、リュクサンブール宮殿の正面からヴォージラール通りをはさんだ斜め向かいの建物の壁にあり、1796年から翌年にかけて設置された。

までにも、王が成人した後も母が権限を譲ろうとしないため、母子は何度か対立していた。彼女が見出した宰相リシュリューもルイ一三世側につき、結局最後にはマリーはフランスから追放され、一〇年余りの亡命生活ののちにケルンで没した。

†太陽王とパリの因縁

ルイ一三世は妻をスペイン宮廷から迎えた。同い年のアナ・マリーア・マウリシアで、父はスペイン王フェリペ三世、母はオーストリア大公カール二世の娘というサラブレッドだが、いずれもハプスブルク家の出のため、やや近親婚の関係にある両親の子といえる。アナはオーストリア女大公の称号を与えられたため、フランスではアンヌ・ドートリッシュ（オーストリアのアナ）と呼ばれている。

美貌で知られたアンヌがルイ一三世に嫁いだ時、ふたりともまだ一四歳の若さであり、王族の婚姻時におこなわれる衆人環視下の初夜はうまくいかなかったと伝えられる。政略結婚という一種の契約がちゃんと履行されたかを確認する必要があるとはいえ、むごいことだ。後継男児を産むことは必須であり、アンヌもその後、王の子を三度身ごもるが、いずれも流産してしまう。そうしたことが重なって、夫婦の仲は冷え切った状態が長く続く。

宰相のリシュリュー枢機卿は、絶対王政国家としてのフランスの大陸での地歩の確保を狙うえで、ライヴァルとなるハプスブルク家への対抗政策をとる。同家から来たアンヌと宰相の関係は当然ながら悪化し、彼を排除しようとする陰謀に王妃が参画したとも考えられている。ところがこの両者には、ただ憎み合うだけとも思えない奇妙な距離感がある。

一六三八年、アンヌが男児を出産する。なにしろ嫁いでから二〇年以上経っている。三七歳での初産は当時は非常な高齢出産にあたり、長年不仲で知られていたため世間は大いに驚いた。一説には、ある晩王が愛人宅に行こうとするも嵐にはばまれ、仕方なく王妃の館に泊まった晩に妊娠したというが、世間はリシュリューか、その側近のマザラン枢機卿（後の宰相）が実の父親だと噂した。ともあれ、この赤ん坊が将来の太陽王ルイ一四世である。その二年後にもアンヌはふたりめの男児を産んでいる。

リシュリュー枢機卿はルーヴル宮のすぐ北側に宮殿を建てて住み、これを晩年に王に贈っている。パレ・カルディナル（枢機卿宮殿）と呼ばれたこの豪壮な宮殿に、王自身はいっこうに住もうとしなかったが、アンヌはふたりの子を連れて移り住む。王とはいっこうに関係が改善されず、またルーヴル宮での長年の反ハプスブルク家気質とスペイン文化冷遇にも嫌気がさしていたのだろう。王族の住まいとなったことで、この宮殿はその後パレ・ロワイヤル（王家の宮殿）と呼ばれるようになった（図3-14）。

一六四二年、リシュリュー死去、その翌年にはルイ一三世も四一歳で他界する。母マリ

図3-14　パレ・ロワイヤル、南側中庭部分　建物で囲まれた長方形の敷地は、南側の中庭が現代アートで飾られ、北側には広大な庭園が広がっている。画面奥の建物は宮殿の東棟にあたり、現在は文化コミュニケーション省が入っている。

ーの摂政時代の苦い記憶があるためか、摂政が持つ権限を狭める遺言をのこしたが、アンヌはすぐさまその遺言を無効とし、わずか四歳で王位に就いた息子ルイ一四世の摂政となる。ただ、彼女は独断専行しようとはせず、マザランを宰相に任命してまた

図3-15　パレ・ロワイヤル、北側庭園部分

も世間を驚かす。というのも、リシュリューの腹心だったマザランは、同様にスペイン対抗政策をとることが確実視されていたからだ。案の定、マザランは前宰相の政策を継承するが、不思議なことにアンヌは実家と戦うマザランを強力に支援し続けた。

一六五一年にルイ一四世が一三歳の成人年齢に達し、アンヌの摂政は終了した。しかし国内ではまだまだ混乱が続いており、中央集権化をすすめるマザランの政策に不満を持つ人々が、税制強化をきっかけに蜂起した「フロンドの乱」によって、王は一時期パリから離れざるをえなかった。反乱が終結し、スペインとの戦争が終わったあと、ルイ一四世はパリで文化政策にいそしむ。音楽や演劇を保護し、王立のコメディ・フランセーズ劇団が設立される（図3-16）。傷病兵のための大病院であり、かつ勲功をたてた兵のための施設でもあるアンヴァリッド（廃兵院、一一四頁）を建て、ヴァンド

図3-16　コメディ・フランセーズ（リシュリュー館、パレ・ロワイヤルの南西端）、正面入口　パレ・ロワイヤルにはもともとリシュリュー自身が造らせた小劇場があり、ルイ14世時代初期には劇作家モリエール率いる劇場が正面右側に入っていた。ルイ14世が1680年に創設した王立劇団コメディ・フランセーズもともと別の場所にあったが、1799年に現在のパレ・ロワイヤル南西角のリシュリュー館に移った。

ーム広場（後述）などの広場や門を造り、遊歩道を整備した。

一六六一年には宰相マザランが世を去る。それまで、助言者というよりは政治の師か父のような存在だった人を失って、二三歳になっていたルイ一四世は親政を開始する。誰かに任せるのではなく、自ら統治をおこなうとの宣言である。その後、彼の治世にルイ王朝は最盛期を迎える。「朕は国家なり」で知られる彼の在位期間は歴代最長の七二年におよんだ。しかしその後半は、周知のように政治の中心はパリにはなく、彼が建てさせたヴェルサイユ宮殿にあった（第九章を参照）。

colonne
パリの美術館
3

カルナヴァレ美術館

右岸のカルナヴァレ美術館（カルナヴァレ歴史博物館とも）のある一帯は、かつて湿地帯だったため「マレ（Marais＝沼）地区」と呼ばれている。ルーヴル宮に近いため一五世紀頃から貴族たちが住み始め、一七世紀にヴォージュ広場や市庁舎（オテル・ド・ヴィル）が完成すると、人気が一層高まって豪華な邸館が競い合うように建ち始めた。

カルナヴァレ美術館中庭、中央はアントワーヌ・コワスヴォー〈ルイ14世〉1687年　コワスヴォーによる像はブロンズ（青銅）製で高さ2.5メートル。上階部分に並んでいるレリーフ像は黄道十二宮（星座）の擬人像。

次頁右上：ワイン商の看板、1745年、カルナヴァレ美術館　ワイン商の紋章には葡萄がつきもの。サン・マルタン通りにあった店の看板。同館にはこのような商家やギルドの看板などが展示されている。このような立体作品が多い点がカルナヴァレ美術館の特徴のひとつである。

一六世紀半ばに建てられたカルナヴァレ（Carnavalet）館の名は、カーニヴァル（Carnaval、謝肉祭）に由来すると思われがちだが、実際にはここを購入したケルヌヴノワ（Kernevenoy）侯爵夫人の名からとられている。

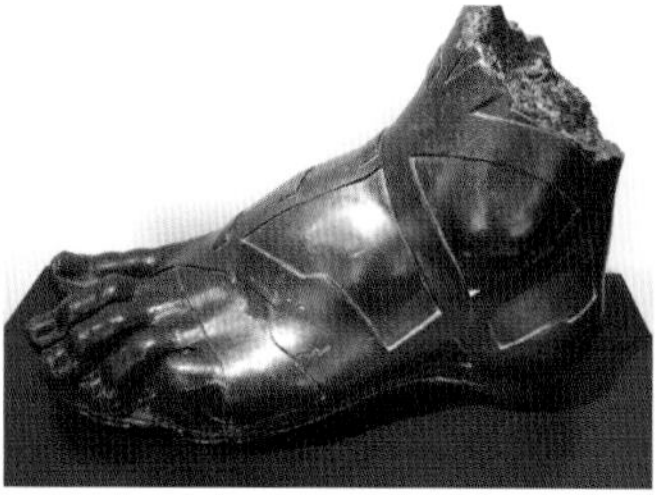

フランソワ・ジラルドン〈ルイ14世騎馬像〉断片（左足部分）、1699年、カルナヴァレ美術館　ルイ14世が開いたヴァンドーム広場の中央に置かれていた騎馬像の断片。当代一の彫刻家ジラルドンが鋳造の専門家バルタザール・ケラーの助けを借りて制作したブロンズ像で、高さ7メートル、台座を合わせると17メートルもの高さになる、（破壊されたレオナルド・ダ・ヴィンチの塑造を除いて）史上最大のサイズを誇っていた。フランス革命で破壊され、断片だけが残った。つま先からかかとまでで70センチメートルほどの長さがある。

右下：オテル・ド・ヴィル（市庁舎）の扉、17世紀後半、カルナヴァレ美術館　オテル・ド・ヴィルは何度か破壊と火災による被害にあっており、1652年の王家に対する蜂起でかつての入口が破壊され、あらたに付けられた扉が本展示品。中央にはブロンズ製のメデューサの頭部が付けられている。1871年のパリ・コミューンによる火災も本扉は生き延びた。

現在の姿になったのは一六六〇年頃の改修による。そしてパリの歴史と風俗に特化した博物館となったのは一八八一年のこと。家具や食器、コインといった資料展示は歴史ある建物によく馴染む。しかし、さすがに建物の老朽化は激しく、二〇一六年から改修がはじめられ、二〇二一年にリニューアル開館した。常時四千点もの作品を展示しているが、それでも六〇万点もの所蔵品のほんの一部にすぎない。

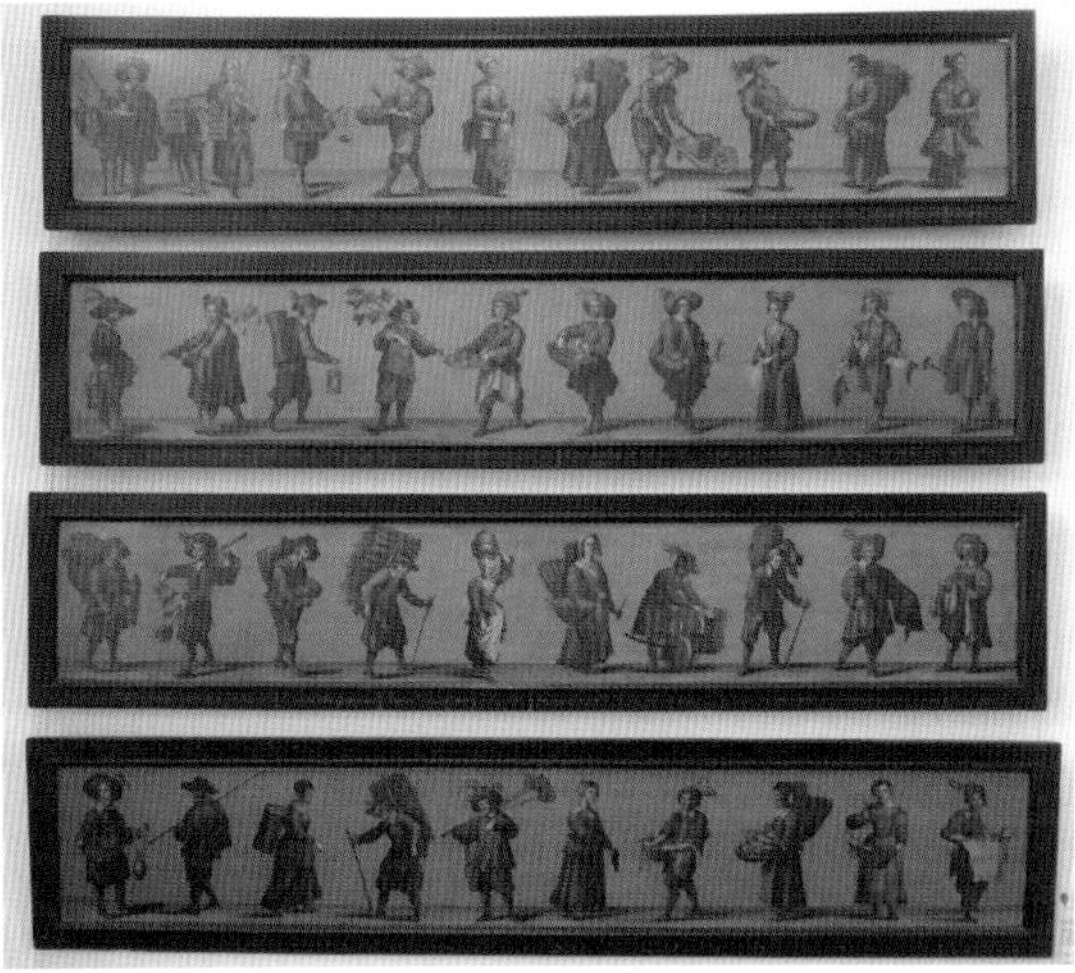

〈パリの行商人〉1634年、カルナヴァレ美術館 単色の油彩で描かれた４枚連作絵画は、13世紀頃からパリの日常風景の一部となっていた行商人たちの姿を描いたもの。包丁研ぎに煙突掃除夫、薪売りにバター売りなどなど、さまざまな品物やサーヴィスを扱う人がいて、街には彼らの売り口上が飛びかっていた。

〈1783年12月１日の気球飛行実験〉
1783年、カルナヴァレ美術館　ジョゼフ＝ミッシェルとジャック＝エティエンヌのモンゴルフィエ兄弟は、1782年に熱気球実験をおこない、翌1783年６月５日、公開実験で10分間の飛行に成功、次いで11月21日には史上初の有人飛行を成功させた。これに触発されて、科学者ジャック＝アレクサンドル＝セザール・シャルルと技師ニコラ＝ルイ・ロベールが、水素気球による公開有人飛行実験をおこなった。同年12月１日、テュイルリー宮殿でのことだった。

フランソワ・ブーシェとその工房〈デマルトーのアトリエのための室内装飾〉
1765-70年、カルナヴァレ美術館　ジル・デマルトーは、ロココ様式を代表する画家フランソワ・ブーシェの絵画をもとに版画を制作していた版画家である。ジルはペッレテリー通りにある彼のアトリエのための室内装飾をブーシェに依頼した。画家は友人の望みに期待以上の作品で応えた。描かれたプットー（童児）の幾人かは、当時ブーシェの協働者だったオノレ・フラゴナールの筆になると思われる。

第四章　革命期のパリ

†革命の足音

　フランス革命が始まるのは一七八九年だが、その要因となったものは幾つかある。一八世紀後半のフランス全人口はおよそ二七〇〇万と推測されており、その約八五パーセントを占めていた農民と、約一一パーセントを占めていた農業以外の労働者のほとんどが、「六公四民」と呼べるほどの重税にあえいでいた。貴族とはつまりは大地主のことであり、彼ら領主たちへの地代としては収穫の半分を、教会に対しては十分の一税を差し出さねばならず、そして麦を粉にするための水車の使用代など、何かにつけては搾取され、道の整備などの労役まで課されていた。

一方で、フランスは他の大西洋沿岸諸国にやや遅れながらも大航海時代を迎え、アジアやアフリカ、そして特に北アメリカに築いた植民地のおかげで、一八世紀の間に貿易総額は約五倍に膨らんだ。これは国内の商業の発展をうながし、特に都市部のブルジョワ（新興中産階級）層に恩恵をもたらした。商売には契約書や計算が必須であるため、必然的に都市住民の識字率が向上する。支配層にとって、被支配層の知識や教養が高まるほどやっかいなことはない。それまで羊のように従順だったはずの彼らが、自分たちが置かれている状況を把握し、権利を主張し始めるのだから。

そこへ、新大陸から直接的な火の粉が降ってくる。アメリカの対英独立運動である。一七七五年に始まったこの運動は、翌年の一三植民地の独立宣言によるアメリカ合衆国の誕生へとつながった。イギリスへの対抗上、フランスはこの対岸の独立戦争に参入した。しかし戦争には莫大なコストがかかるもの。一七八〇年の時点で、フランスの歳入のなんと半分以上が負債の返済にあてられる状況となっていた。いや、その直接の原因はたしかに戦費だが、国家財政の悪化はすでにルイ一四世時代の浪費から始まっていた。おまけにフランス全土での凶作が重なり、インフレを契機とする農民一揆が各地で発生していた。

†動乱の始まり

世界史や歴史映画がお好きな方や、池田理代子の漫画『ベルサイユのばら』をお読みになったことのある方なら、この後の流れをよくご存知かもしれない。ヴェルサイユ宮殿で三部会が招集されるが、宮殿内の球戯場（ジュ・ド・ポームというバドミントンの前身にあたる競技のためのコート）で第三身分が独自に国民議会を立ち上げる。王はこれを無効とするが、第三身分以外からもリベラル派が国民議会に加わり、パリでも情勢が緊迫し始める。国王派はパリ郊外に軍を呼び寄せるが、市民たちは政治犯や危険思想家を収監していたバスティーユ牢獄を襲撃する（図4-1）。この一七八九年七月をもって、フランス革命の勃発時とする。

その後は血なまぐさい攻防が続く。襲撃の翌月、国民議会は中世以来続いていた封建制度の廃止を宣言し、人間の生まれながらの平等と権利をうたった画期的な「人権宣言」を採択する（女性が含まれていない、とフェミニストからは評判が悪い）。そして教会が所有する財産をすべて強制的に国庫に組入れることや、商業の自由のさまたげとなっていたギルドの解散といった思い切った法律が次々に成立していく。ヤコブ（ジャコバン）修道院を本拠としたためジャコバン党と呼ばれる急進派が音頭をとり、貴族の称号そのものが廃止され、十分の一税を撤廃し、教皇庁の直轄領だったアヴィニョンが国に併合された。

フランスでは今もデモなどの抗議運動がよくおこなわれ、それもしばしば投石や発煙筒などが使われて過激化するが、それは革命期から実際に多くを勝ち取ってきた実績と歴史があるからこそで、一種の成功体験の記憶のなせるわざとも言えるだろう。向こうの大学生はそれこそ真剣で、時おり怪我などしつつもそうした活動を「楽しい」と言う者も少な

図4-1　クロード・ショラ〈バスティーユ襲撃のスケッチ〉1789年夏以降、カルナヴァレ美術館　実際に襲撃に加わった素人画家が描いたもの。左奥がバスティーユ牢獄。中央にかかる橋には跳ね上げ通路を操作するための機構が描かれている。

図4-2　現在のバスティーユ広場　牢獄は襲撃後すぐに800人ほどの人足たちの手で解体された。バスティーユには現在、この広場に面して新国立歌劇場であるオペラ・バスティーユが建っている。

くない。何事においても熱くなるのは格好悪いと考える者の多いわが国の若者との違いを感じて、いち教員としてつい考え込んでしまう。

もちろん保守派も黙って眺めていたわけではなく、労働者が団結することを禁じるなどして抵抗する。しかし、ルイ一六世が判断を誤ったのは、危険を避けてパリを脱出しようとしたことだ。ご丁寧に変装までしていた国王一家は、オーストリア国境に近いヴァレンヌで逮捕されて連れ戻された。それまで、議員たちも国民も、王の廃位まで望んでいた者はそう多くなかったが、国民を見捨てて他国に逃げようとした王への失望が一気に広まった。それまではどちらかと言えば、他国であるオーストリア出身で、浪費ぶりで知られた王妃マリー・アントワネットへの反感が主で、錠前づくりを趣味とするおとなしい王は王妃に振り回される被害者的なイメージでとらえられていた。

翌月、ロベスピエール率いるジャコバン党は王の廃位を求める運動を始める。このあたりから彼らの暴走が目立ち始め、行きすぎの不安を感じて脱退する者も出始めた。この廃位誓願運動は、ヨーロッパの各国宮廷に衝撃を与えた。この動きがもし自国にまで及んでしまうと、自分たちの身が危ない――。そう危惧した各国の王たちはブルボン家を支援する共同宣言を出す。ここに至って、フランス革命はヨーロッパ全土を巻き込む一大動乱へと拡大していった。

一七九二年には実際にオーストリアとプロイセンを相手に戦端が開かれる。フランス国歌「ラ・マルセイエーズ」がこの時の行軍歌だったことをご存知の方も多いと思う。フランスでは義勇兵の募集が始まって、多くの国民が馳せ参じ、一国の軍としては他に例をみないほどの大軍ができあがる。同年秋にはプロイセンに勝利し、その勢いでついに王政が廃止され、共和政がスタートした。そのためこの年は革命暦元年となった。

†激動の跡

現在のルーヴル宮殿はコラムで紹介したように横長の「コ」の字型だが、一七世紀には「ロ」の字型をしていた。それは西側をふさぐようにテュイルリー宮殿が増築されていたからである(図4-3)。宮殿はカトリーヌ・ド・メディシスのために一五六四年に着工され、「ロ」の西側には彼女の母国イタリア式による庭園が造られた。建物が完成するには百年近くかかってしまうが、一七世紀には庭園もフランス式にあらためられた(図4-4)。王室の住まいとして建てられた城館だったが、その後はヴェルサイユ宮殿に役割を渡してしまっていた(途中、テュイルリー宮殿が本来の役目を果たした時期もある)。

しかし革命によって王室がヴェルサイユからなかば強制的にここへ移されて、テュイルリー宮殿は再び歴史の表舞台に登場する。ただ、それも束の間、一七九二年八月には民衆による襲撃をうけ、一家は逮捕されてタンプル塔（第八章を参照）に幽閉されてしまった。

年が明けてすぐ、現在のコンコルド広場（図4-5）に、彼のための処刑台が設けられた。コンコルドとは「調和・和合」の意味だが、先代のルイ一五世時代に造られた時にはルイ一五世広場と名付けられ、革命期には当然のように王の名は外されて革命広場と呼ばれていた。皮肉なことに、そこはルイ一六世とマリー・アントワネットの婚礼を祝う祭典が

図4-3　焼失前のテュイルリー宮殿、1850年頃から1870年までの間に撮影されたもの　写真家エドゥアール・バルデュスによる撮影。宮殿は1870年のパリ・コミューンにより失われた。Malcolm Daniel, *The Photographs of Édouard Baldus*, 1994. より。

図4-4　テュイルリー庭園　この広大な庭園には、はじめ迷路型植栽や人工洞窟などがあり、フィレンツェのメディチ家邸であるピッティ宮の庭園を参考にデザインされていた。アンリ4世は庭園の西の端にふたつの巨大な温室を追加し、それぞれ養蚕用とオレンジ栽培用に用いた。そのうち後者の場所に、オレンジの名に由来するオランジュリー美術館が現在建っている。

大々的に催された場所でもあった。一月二一日、ルイ一六世の処刑執行（図4‐6）。死亡時の苦痛が短く済むようにと、医師で議員のジョゼフ・ギヨタン考案によるギヨティーヌ（ギヨタンの子、の意）、いわゆるギロチンがここでも用いられた。これまた皮肉なことに、効率化のために落とし刃を鋭く斜めにする助言をしていたのは、錠前造りで工学知識を身

図4‐5　コンコルド広場　ルーヴル宮殿からエトワール凱旋門までのびる直線の中間にあるこの広場は、400×200メートルほどの広大さで、中央にオベリスクが建っている。これはナポレオンのエジプト遠征による戦利品ではなく、1829年にエジプトから贈られたもの。花崗岩でできており、高さ23メートル、220トン以上の重量がある。

図4‐6　ゲオルク・ハインリヒ・ジーヴェキング〈ルイ16世の処刑〉の版画、1793年、ペンブローク、ノース・カロライナ大学図書館　ハンブルクで商家を営んでいたジーヴェキングが、貿易のために滞在していたパリで目撃した場面を版画にしている。

に付けた王本人だった。

王を処刑したことで、オーストリア、スペイン、プロイセン、イギリスなど君主政をとる諸外国は大いに慌て、対仏大同盟が結ばれた。全面戦争を強いられたフランスは苦境が続き、経済封鎖による食糧難に加えて戦費が重なったため税率を上げたことで、特に下層市民の不満が高まる。彼らを主たる支持層としていたジャコバン党は議会からジロンド党ら穏健派を一掃し、独裁体制に移行する。世にいう恐怖政治の始まりである。

人道的配慮から考案されたはずのギロチンは、そのスピードと低コストでフル回転し、恐怖政治のシンボルとなった。なかでも、コンコルド広場の東端に設置されたギロチンは「国民の剃刀」と呼ばれ、一七九五年までの約二年間で一三〇〇名以上の首を落とした。そのなかには、王の処刑後、タンプル塔からコンシェルジュリーの独房（図2-13）に移されていたマリー・アントワネットや、恐怖政治のリーダーだったがテルミドール事件で失脚するロベスピエール本人が含まれている。

一七九三年七月には、ジャコバン党の理論的支柱だったジャン＝ポール・マラーが暗殺されている。彼は皮膚に持病を抱えていたため浴槽に浸かりながら執務をおこなうことを常としていたが、そこへマリー＝アン・シャルロット・コルデーというひとりの女性がやって来る。五人の子を抱えての窮状を訴える手紙を携えていたので、面会が許されたのだ。

図4－7　ジャック＝ルイ・ダヴィッド〈マラーの死〉1793年、ブリュッセル、ベルギー王立美術館　左手にはコルデーが窮状を訴える手紙。その横の執筆台の上には、インク壺などとともに、彼女に贈る紙幣とその旨を自ら記した指示書がある。台の最下部には国民公会議員でもある画家ダヴィッドによる、「マラーへ、ダヴィッドより。（共和国暦）2年」（ÀMarat, David. l'an deux）の文字。各地から注文をうけ、ダヴィッド工房でも多くの模作が制作された。

図4－8　マラーが暗殺された建物があった場所　医学校通り20番地。カルチェ・ラタンの一角で、建物は現在その姿を変えており、右奥には医学校が建っている。

しかし、実は彼女はジロンド党派で、隠し持っていたナイフで彼を殺害してしまった。

この絵を描いたジャック＝ルイ・ダヴィッドは、自らもジャコバン党の議員として活動し、画家としては古代ローマなどの共和政を主題とする作品を多く描いた。〈マラーの死〉（図4－7）を制作した翌年には国民公会の議長にまで上りつめている。しかし、後述するようにダヴィッドはナポレオン時代になると一八〇度の変節を見せ、皇帝による君主政のもとで筆頭画家となってしまう。

マラーの死は共和政府にとって甚大な損失であり、国をあげての葬儀が営まれた。コルデーは逮捕から四日後にやはりギロチン台の露と消えたが、興味深いことに、後にふたたび帝政期が訪れると、「魔の手から国を救った悲劇のヒロイン」として評価され、絵の主題ともなっている。政治体制が変われば英雄像もまた変化するということだ。

この年には物騒な出来事が続き、一〇月にはマリー・アントワネットが処刑される。毎日何人もの首が飛ぶなか、ルイ一六世処刑の一周年を記念してルーヴル美術館の一般公開が始まっている。王のコレクションだったものを取り上げて、国民の共有財産とするという理念のあらわれである。

近隣諸国との戦争は一進一退が続く。とりわけ海上ではやはり海の女王イギリスが優勢で、フランスの港はどれも封鎖状態にあった。そのような状況下で、港町トゥーロンの砦を奪還し、封鎖を打ち破って一躍ヒーローとなった人物がいる。ナポレオンである。

†ナポレオンと建築事業

兵隊よ、長老会議の非常の決定によって私は都（パリ）と軍隊との指揮を執ることになった。――ナポレオン・ボナパルト、一七九九年一一月九日（共和国暦八年ブリ

ュメール一八日）の布告（大塚幸男訳）

これはナポレオンがクーデターによってコンスル（執政、統領）に就任し、共和政府を終わらせた「ブリュメール一八日のクーデター」での宣言である。共和政の英雄だったはずのナポレオンが、支配者になることへの野心を隠そうとしなくなる転換点と言える。彼の理念が共和主義になかったことは、その二年前にすでに、ルネサンスから最も長く存続していた共和国であるヴェネツィアを解体していたことからも明らかだった。パリで発足した統領政府は当初三人体制で始められたが、一応は国民投票によってナポレオンが第一統領に選ばれてからは名実ともに独裁政権となった。

せっかくブルボン王朝を倒したのにもかかわらず、国民はあらたな支配者をのぞんだ。第二次対仏大同盟が結成されて、フランスが再び窮地に立たされていたことが直接の原因ではある。危機が迫れば、誰か強力なリーダー、それも軍功きらびやかな若き英雄に引っ張ってもらいたいと思うのも無理はない。共和政と君主政が順繰りに交代するのは歴史の法則とも言えて、人間の性《さが》とでも結論づけるほかない。

ナポレオンは一八〇〇年のマレンゴの勝利で対仏大同盟を崩壊させるなど、国民の期待に応え、一八〇四年一二月二日、ついに皇帝として戴冠する（図4-9）。今度もまた国民投

図4－9　ジャック＝ルイ・ダヴィッド〈ナポレオン１世と皇妃ジョゼフィーヌの戴冠〉1805年頃、ルーヴル美術館　幅10メートル近いこの大作は、ルーヴル美術館の絵画ギャラリーを代表する一点である。ナポレオンのすぐ後ろで、戴冠の役目を奪われた教皇ピウス７世が呆然とした表情で座っている。当時41歳の妃ジョゼフィーヌはまるで乙女のような容姿に描かれる。中央奥のバルコニー席２階の片隅に、スケッチをしているダヴィッド本人の自画像が描かれている。

票による結果だが、前回の統領と違って、帝位は世襲制によって引き継がれる。ノートルダム大聖堂で挙行された戴冠式では、通常なら司教や教皇が帝冠を授けるところ、ナポレオンはそれを受け取って自ら頭に戴せたことが知られている。かつては共和政府で議長をつとめていた画家ダヴィッドは、宗旨替えをして皇帝の首席画家（画家としての最高位）として筆を揮《ふる》っている。閣僚や各国の大使たちに加え、ナポレオンの兄弟姉妹がずらりと並ぶなか、実際には出席していなかった皇母マリア・レティツィアやすでに亡くなってい た甥の姿も描かれている。

ナポレオンの功績は軍事に限らず、学校制度や行政組織、郵便制度や法律などを整備し近代化を強力に推進した点に認められる。都市計画と建築事業も例外ではなく、フランス革命で頓挫していたマドレーヌ寺院（図4-10）の建設を再開させたり、今は国会議事堂となっているブルボン宮殿（図4-11）にファサードを付けさせて完成へと導いた。両作品がとてもよく似ているのは、ギリシャの様式を理想とする古典主義が当時の主潮だったことによる。

ナポレオンから県知事に任命されたガスパール・ド・シャブロルは、エジプト遠征にも従軍した工学者で、二〇年弱の在職期間にパリの都市計画を次々に実行していった。主要道路や広場にガス燈を付け、パサージュ（第八章を参照）のいくつかの生みの親であり、市場を設けた。なかでも重要なものはサン・マルタン運河（図4-12）をはじめとした水路の整備である。シャブロルの熱意はつとに知られ、ナポレオン失脚後も「パリと結婚した男」と評されて職に留まることができた。

ナポレオンが造らせたモニュメントとして最も名高いのは、疑いなくエトワール凱旋門である（図4-15）。ここから放射状に道がのびているためエトワール（星）の名で呼ばれた広場（現在はシャルル・ド・ゴール広場）に建つこの凱旋門は、高さ五〇メートルものサイズを誇る。凱旋門とは、古代ローマにおいて戦勝をあげて帰還した将軍を称えるためのも

図4-10　マドレーヌ寺院　正式名称はサント＝マリー＝マドレーヌ教会であり、聖マグダラのマリアに捧げられた聖堂だが、当時の古典主義を反映してギリシャ神殿のような外観をしているため、寺院（神殿）の名で通っている。完成はナポレオン失脚後の1842年。

図4-11　ブルボン宮殿　もともとはルイ14世が建てさせた邸館を、1764年に購入したコンデ公が拡張しようとした。これもやはり革命で改修が頓挫していたところをナポレオンが再開させた。

図4-12　サン・マルタン運河　全長4.5キロメートルほどの運河で、1825年の完成。写真は、高低差が22メートルあるために9カ所設けられた閘《こう》門《もん》のひとつ。

図4-13　ラ・ヴィレット貯水池　郊外から続くウルク運河の終点にあたり、ここからサン・マルタン運河へとつながる。もとは両運河を行きかう船の船着き場とドックとして19世紀はじめに造られた。今日、両岸には洒落たレストランや映画館などが並んでいる。

図4-14　ロトンド・ド・ラ・ヴィレット　ロトンドとは円形の建物のこと。ラ・ヴィレット貯水池の南端にあるためこの名があるが、スターリングラード広場にあるので「スターリングラードのロトンド」とも呼ばれている。革命前まではこの手前までが市域であり、そのため入市税の徴収所として建てられた。建築家クロード・ニコラ・ルドゥーによる作品で、1788年完成。役目を失ってからは倉庫や考古学の出土品置き場となっていたが、現在はレストランとして営業している。

ので、ローマのフォロ・ロマーノなどにいくつか作例が遺っている。ナポレオンはロシア皇帝とオーストリア皇帝が一堂に会したため「三帝会戦」と呼ばれるアウステルリッツの戦いで勝利しており、これを記念して翌一八〇六年に凱旋門の建立を命じた。

凱旋門からルーヴル宮殿までの道路がシャンゼリゼ大通りである（図4-18）。一九六九年に発表された歌「オー・シャンゼリゼ」は世界的に有名で、日本でも何度かカヴァーされたので耳にした方もおられるだろう。ル

図4-15　エトワール凱旋門　凱旋門の周囲はラウンドアバウト（環状交差点）となっており、凱旋門までは地下通路を使う。門の真下には無名戦士の墓碑があり、花束が絶えない。階段を上って屋上へ出ることができ、そこからはパリを一望できる大パノラマが広がる。

図4-16　フランソワ・リュード〈1792年の義勇兵の出発（ラ・マルセイエーズ）〉1833年、エトワール凱旋門東側面右下レリーフ　中央に民衆を勝利へと導く「自由の女神」がいる。ドラクロワの絵画や記念切手などでも繰り返し登場したアイコンだが、今日知られている自由の女神と異なり、本来はこのようにフリュギア帽をかぶっていた。フランス語圏で人気のキャラクターである「スマーフ」が被っているのでお馴染みだが、古来、解放奴隷のシンボルと考えられていたため、自由の女神のモチーフとなった。

図4-17　カルーゼル凱旋門　ルーヴル美術館の庭園の中央にあるカルーゼル凱旋門も、ナポレオンがエトワール凱旋門と同じ年に建てさせ始めた。ピンクの大理石による、やや小ぶりながらもより優美な装飾が施されたこちらの凱旋門は、着工後わずか2年で完成している。

ーヴルから凱旋門まで、道幅約七〇メートルの緑豊かな直線が約二キロメートルほど続く。そしてこの直線は凱旋門からさらに西へと続き、新都心ラ・デファンスにある新凱旋門（図7-30）に達する。まさにパリの背骨であり、この街の華麗さを形作る大きな要素となっている。もとはマリー・ド・メディシスが一六一六年に造らせた細い「女王の道」を、その半世紀後に造園家アンドレ・ル・ノートルが道幅を広げて並木道にした。

シャンゼリゼ大通りがほぼ今日の姿になったのは、クロード・フィリベール・バルトロ・ド・ランビュトー知事の時代である。彼は公衆トイレを設置し始めたことでも知られており、大通りの幅をさらに広げたのも、コレラの流行に対抗するための衛生管理の一環である。ランビュトーはまた広告サイン塔（モリス塔）を使い始めたり、最初の鉄道をパリ市内に引き入れるなどしている。

ナポレオンが辿った、悲惨極まりないロシア遠征の失敗と退位、そして地中海のエルバ島からの帰還に至るストーリーは周知の通りである。しかし再び皇帝として復権したものの、ワーテルローの敗戦によって百日天下に終わり、現在は大統領府となっているエリゼ宮（図4-19）で二度目の退位に署名した。二度と戻ってこられないよう、今度は南大西洋の絶海の孤島セント・ヘレナに流されて、そこでイギリスの監視下で最期の六年ほどを過ごす。一八二一年五月五日死亡、五一歳だった。

図 4-18　シャンゼリゼ大通り　凱旋門の屋上からの眺めで、中央奥にルーヴル美術館の姿がある。

ナポレオン戦争が、三百万人以上の死者を出す苛烈なものだったことはよく知られている。しかしその間、パリの人口は増え続けた。一八世紀半ばに六〇万人ほどを数えたパリの人口は、フランス革命による混乱でいったん五五万程度に減ったものの、ナポレオン時代の終わり頃には約七〇万に達したと考えられている。多くの若者が戦場で帰らぬ人となったが、ナポレオンの大衆人気は一貫して高く、一八四〇年に遺体が返還された時、パリ市内は歓迎の声で満ち、彼を称える書物も大量に出版された。遺体はアンヴァリッド（廃

図4-19　エリゼ宮正門　エリゼ宮はナポレオンによる建築ではなく、1718年に建てられた邸館を、ポンパドゥール夫人を含む後の所有者たちが拡張したもの。ナポレオンの右腕だった将軍ミュラや皇妃ジョゼフィーヌが一時期住んでいた。ちなみにエリゼの名はギリシャ神話の死後の楽園エリュシオンから。大統領府の中には入れないので正門を眺めることしかできないが、写真でわかるとおり正門通路が斜めについていて、ちょっと落ち着かない。

図4-20　エリゼ宮裏門　南北に長い長方形をしているエリゼ宮の南半分には、ポンパドゥール夫人のセンスの良さがいかされた広大な庭園が広がっている。美しい裏門の上部にはフランスのシンボルである雄鶏がいて、裏門自体も「グリル・ドゥ・コック（雄鶏の鉄柵）」と呼ばれている。正門よりも突破されやすそうな造りだが、大統領が不在時の警備はこの程度。

兵院、図4－21）に設置された。ルイ一四世が造らせた豪壮なクーポラの真下に、最初からナポレオンのためにデザインされた空間かのように、堂々たる棺が置かれている（図4－22）。

図4－21　アンヴァリッド（廃兵院）　もともとは傷病兵のための病院と収容施設で、軍功のある老兵たちのための施設でもある。建物の一角には軍事博物館がある。ヴァチカンのサン・ピエトロ大聖堂のミケランジェロによる大クーポラを思わせる奥のドーム教会は、フランス・バロック建築を代表するフランソワ・マンサールの設計。

図4－22　ナポレオンの棺、アンヴァリッド　ドーム教会の真下にナポレオンの巨大な棺を設置するため、1842年から改装工事がおこなわれた。外周には他の人物たちの墓があり、そのなかにはナポレオンの子であるナポレオン2世の墓もある。

colonne
パリの美術館
4

オルセー美術館

セーヌ河を挟んでテュイルリー庭園の向かいにあるオルセー美術館は、両端に大きな時計を持つ一風変わった外観をしている。そしてその印象は、中に入ると一層強くなる。というのも、ここはもともと美術館として建てられた建物ではなく、かつて駅舎として使用されていたことによる。

フランス国鉄（SNCF）の前身のひとつパリ・オルレアン鉄道会社は、パリの中心部まで線路を

オルセー美術館の大時計、ガラス文字盤の裏

オルセー美術館外観　駅舎ならではの採光屋根による半円ヴォールト。側壁と屋根はほぼ当時のままである。

敷設するため、この場所を購入した。ここには会計監査院が入っていたオルセー宮殿があったが、パリ・コミューンで焼失していた。アカデミー教授ヴィクトール・ラルーに設計を依頼し、工事がスタート。一九〇〇年のパリ万博（次章参照）に間に合わせるべく急ピッチで進められ、一九〇〇年七月に完成した。駅ではその後四〇年間にわたり、毎日二〇〇本の列車が発着し続ける。しかしもともと土地には限りがあったため、徐々に近代化していく列車を運用

ジャン=バティスト・カルポー〈ウゴリーノと息子〉
1865-67年、オルセー美術館
13世紀末に抗争に敗れたピサ貴族ウゴリーノ・デッラ・ゲラルデスカが、息子たちとともに塔に幽閉された。そのまま全員亡くなったが、食物を与えられなかったため、塔の中でカニバリズム（食人）がなされたとの伝説ができあがった。カルポーはオペラ座装飾でも知られる彫刻家で、本作品はオルセーにある19世紀彫刻の代表作例。

オルセー美術館内部　下の写真とほぼ同じ位置から撮影したので、今昔の相違がよくわかる。

かつてのオルセー駅　Peter J. Gaertner, *Musée d'Orsay: Art&Architecture*, 2015. より。正面奥の、今と同じ場所に時計がある。

するにはプラットフォームの長さが不足するようになる。駅は次第に使われなくなり、さまざまな用途に利用されるようになった。たとえば第二次世界大戦末期には、捕虜が帰国までの

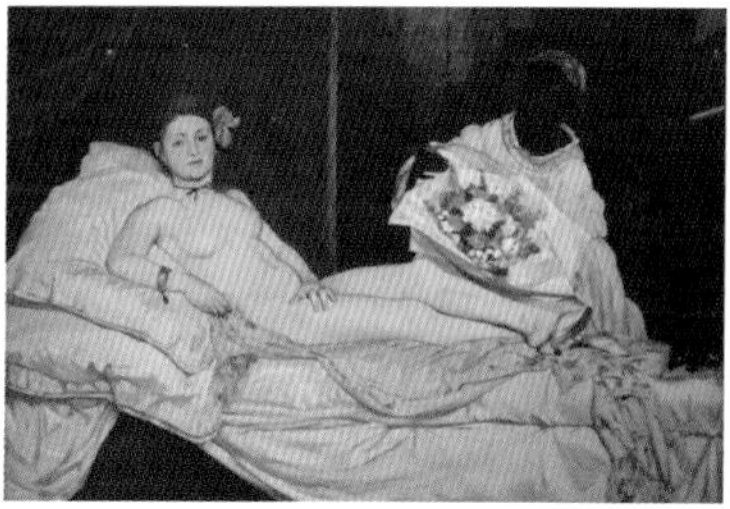

エドゥアール・マネ〈オランピア〉1863年、オルセー美術館　印象派への道を拓いたひとりであるマネは、サロンへの入選も多いが、物議をかもす作品を提出して問題視される画家でもあった。本作品はイタリア・ルネサンスの巨匠ティツィアーノの作品をもとにしながら、人体の平坦な立体表現や娼館を想像させるモチーフ構成のせいでスキャンダルとなった。

オノレ・ドーミエ〈政治家たち〉1830-35年、オルセー美術館　新聞の挿絵画家としてキャリアをスタートさせたドーミエは、そのままジャーナリスティックな視点を生かした創作をおこなう画家となった。彫刻家でもある彼は、七月王政期の議員たちのカリカチュア彫刻を粘土で作った。そのうち36点がオルセーにある。社会風刺はフランス文化の重要な要素のひとつだが、当時は今以上に危険性の高い行為だった。実際に、ドーミエは王の風刺画を描いて半年間投獄されたことがある。

ウィリアム・アドルフ・ブグロー〈ヴィーナスの誕生〉1879年、オルセー美術館　19世紀画壇を支配したアカデミーの中心的存在であるブグローの代表作。実際の人体モデルを用いた、高い写実性を特徴とする。ブグローはサロンの常連で、印象派らの新しい運動は、まさにブグローらのアカデミズムによる支配からの脱却にほかならなかった。

日々を過ごす場所になっていた。

そろそろ取り壊そうかというう話が出始めていたところへ、オルセー駅を近代美術館に転用する案が提出される。一九七七年に正式に決定し、工事は一九八六年に完了した。

収蔵コレクションは、もともとリュクサンブール宮殿にあった歴代のサロン入選作品に加え、画家ギュスターヴ・カイユボットが友人たちを支援するために買い支えた印象派絵画、そしてルーヴル美術館にあった一九世紀美術から成っている。

ポール・セザンヌ〈リンゴとオレンジのある静物〉1899年、オルセー美術館
印象派の創始メンバーとほぼ同年代で行動もしばしば同じにしながら、セザンヌはまったく異なる様式を生み出す。彼は従来の遠近法を歪め、モチーフが持つ形態を球や角錐などの単純な幾何学形態へと還元する。本作品はその典型例である。生前は作品がほとんど売れなかったが、彼の作品はキュビスムなどへの道を開いたものとして、その後の画家たちにとってのバイブルとなった。

第五章　パリ大改造

†逃げ出す王たち——フランスのお家芸

　私たちが目にしている今日のパリは、おおよそ第二帝政期にできあがったものだ。第二帝政とは、皇帝ナポレオン一世の時代を第一として、甥にあたるナポレオン三世による統治時代を指す。その間の流れを追っておくと、ナポレオン一世がセント・ヘレナ島に流されたあと、フランスでは再度ブルボン王朝が復活した。ルイ一八世は処刑されたルイ一六世の弟で、穏やかで実直なところは兄とよく似ていた。彼は一〇年ほど王位にいて、六八歳で病没。

さらに下の弟が王位を継いだが、彼は王の権威を取り戻そうとして強権的な政策をとり始めた。特に一八三〇年七月に出した勅令は議会の解散や出版の検閲強化といった内容で、たちまち民衆の蜂起につながった。俗にいう「七月革命」であり、民衆はパリにバリケードを築くなどして抵抗。ドラクロワの名高い〈民衆を率いる自由の女神〉はこの事件を描いたもので、絵を描くことで私も戦うといった意味のことを画家本人も述べている（図5-1）。

民衆はパリを制圧、王は国外へ逃亡するが、しかし共和政を再開させることができず、ブルボン家の傍系であるオルレアン公ルイ・フィリップがルイ・フィリップ一世として王位に就く。七月王政、またはオルレアン朝と呼ばれる彼の治世については評価が分かれる。イギリスで始まった産業革命をフランスでも推進したのは彼だが、それによって登場した資本家層は当然ながら旧体制的な選挙法の改正を要求し始めた。ルイ・フィリップはこれを抑圧しにかかって民衆がまたしても蜂起。この王もまた国外に逃亡した。

似たことの繰り返しばかりだな、との印象を持たれたことと思う。市民がデモによって為政者を追い出すのはフランスのお家芸とも言え、この時もまた実権を握った市民たちの手によって第二共和政がスタートしている。男子のみだが普通選挙によって議員と大統領を選出し、かつ大統領の権限をきびしく制限するシステムがとられたので、これなら君主

図5－1　ウジェーヌ・ドラクロワ〈民衆を率いる自由の女神〉1830年、ルーヴル美術館　七月革命を描いたもので、もとは〈民衆を導く自由〉というタイトルだった。中央の女性が自由の擬人像で、かつマリアンヌという一種のフランスの擬人化でもある。「なぜ胸をはだけているの」とたまに訊かれるが、これは母性、すなわち母国の表現である。日仏友好のあかしとして1999年に日本で特別展示され、反対にフランスでは法隆寺百済観音像が展示された。

政へとまた替わることを防げそうに思える。しかし、やはり民衆はヒーローを求めるのか、よりによってナポレオンの甥を初代大統領に選んでしまう。案の定、彼はクーデターを起こして第二共和政を終わらせ、叔父と同様に国民投票によって皇帝位に就いた。王政ではなくなっても生活が苦しいままで、議会の支持率が下がっていたことが第一の原因ではあるが、民衆がどこかでナポレオン一世の幻影を追っていたとしか思えない。

†オスマンの大改造

第二帝政が始まった翌年、セーヌ県知事に任命されたのが当時四四歳の政治家ジョルジュ＝ウジェーヌ・オスマンである。パリが直線的な道路によってスッキリとデザインされているのはナポレオン三世とオスマン知事の共同作業の成果であり、たとえばエトワール凱旋門が建っている広場から放射状に道がのび、いかにも星形を描くかたちになったのも、シテ島のモニュメントまわりがスッキリと開放的で鑑賞しやすくなったのも、「オスマン化」と呼ばれるこの時代のことである。しかし道路をあらたに一本通すには、当然ながらそこに建っていた建物やそこに住む人々を立ち退かせる必要があり、この時代に古き良き時代のパリが失われたとする視点は以前からある。ただ、オスマン化される直前のパリの姿を詳しく知るための資料はほとんど無い。しかし、マルシアル＝ポテモンという画家・版画家が当時のパリの街角を描いた貴重な版画集があって、これをフランス文学者の鹿島茂が詳細に紹介した『失われたパリの復元――バルザックの時代の街を歩く』（新潮社）という興味深い本がある。ここでは、マルシアル＝ポテモンが描いたタンプル通りを描いた油彩画を一点ご紹介しておこう（図5-2）。

オスマンのやり方は時に強引にすぎ、議会を軽視しがちなこともあって非難も浴びた。直線的な道路を通すことにこだわるあまり、本質的にはロマン主義者であるナ

図5-2　アドルフ＝テオドール＝ジュール・マルシアル＝ポテモン〈タンプル大通り〉1862年、カルナヴァレ美術館　タンプル大通りの北側の眺め。中央やや左にあるクリーム色の大きな建物がシルク・オランピック国立劇場で、その右にも劇場がふたつ並んでいる。演劇や見世物など芸能関係の施設が集中し、それらが犯罪などを主題とする演目を多く上映していたことから、犯罪大通りとも呼ばれた。オスマン改造によって大きく姿を変えた通りの貴重な記録である。

ポレオン三世は歴史的建造物が破壊されることを恐れて、両者はしばしば口論になった。皇帝がロンドンを例に出して、あちらでは必要最小限のことだけやっていると不平を述べたところ、オスマンは「陛下、パリ市民はイギリス人ではありません。彼ら（パリ市民）にはそれ以上のことが必要なのです」（土居義岳訳）と答えたという。

オスマン改革は道路と街区の整備にとどまらない。特に称賛されるべきは下水道網の拡張である。ヨーロッパではすでに古代ローマの時代に下水道を備えた都市が誕生していたが、ゲルマン民族によって破壊されて以来、中世・近世を通じてほとんど復旧されないままの暮らしが続いていた。トイレは出窓にあけられた穴であり、汚物はそこから道へと垂れ流された。街には清掃車よろしく放し飼いの豚がいたり、広場に汚物を集めて焼いては、遠くからでもにおうほどの悪臭を放っていた。一八二五年の時点でもパリの下水道はわずか二三キロメートルほどの長さしかなく、その後徐々に延長されて一〇〇キロメートルほどの総延長になっていた。オスマンが責任者に任命した土木の専門家ウジェーヌ・ベルグランは、在職中に水道管自体の太さを拡張し、総延長も五〇〇キロメートルを超えた（図5-3、図5-4）。一説によると、パリの人々はそれまでの倍の水量を使えるようになったという。

また、一八三七年にサン＝ジェルマン＝アン＝レーからの線路がパリに最初に入ってき

図5-3　オスマン改造時代に造られた下水道、パリ下水道博物館　さまざまな博物館があるパリでも、その特殊さが際立つのが下水道博物館（Musée des Égouts）。エッフェル塔からも近いセーヌ河岸の入口から入ると、下水道工事の歴史や技術に関する展示が豊富にある。なお現在のパリの下水道総延長は約2400キロメートル。

図5-4　清掃整備用の金属球、パリ下水道博物館　もっとも太い下水管の清掃と整備のために用いられる金属球。直径4メートルもある球を転がしていく。

て以来、鉄道網の整備が進められていた。最初にできた駅はパリ中央部のやや北よりにあるサン・ラザール駅で、当初は小規模なものだったが、パリ万博のたびに大幅に拡張されていった（図5-5）。鉄道と駅はまさにパリの近代化の象徴であり、印象派の画家たちの多くが駅を描いている（図5-6）。鉄道と駅の数もオスマン時代に増えており、現在パリ市内にある駅のほとんどが第二帝政期の造営である。

オスマンが知事になった二年後、パリ市内にトラムが初お目見えした。路面に敷かれた

図5-5　サン・ラザール駅構内　20世紀に入ってからも、同駅は利用者数の点でながらくフランス第一の駅であり続けたが、1977年に開通したRER（郊外急行）A線に乗客の一部を奪われて首位から陥落した。

図5-6　クロード・モネ〈サン・ラザール駅、汽車の到着〉1877年、ケンブリッジ（アメリカ）、フォッグ美術館　マネやルノワール、カイユボットら多くの画家たちが駅を描いた。なかでもモネはサン・ラザール駅の近くに住んでいたことがあり、この駅を描いた作品だけでも10点以上が現存する。プラットホーム部の構内の様子は今とほとんど変わらない。

図5-7　馬車トラムの写真 Compagnie Générale des Omnibus社による馬車トラムで、1855年の万博イヤーに登場した。表示板によって、鉄道の北駅を終点としていたことがわかる。アンティーク葉書から。電気式トラムは、1938年までパリのど真ん中を走る路線があったが、現在のトラムは大環状に沿ったやや辺縁部の交通を主に担っている。

線路の上を行く車両のことだが、といっても現代のような電気式ではもちろんなく、蒸気機関式でもなかった。それはなんと馬が引く方式だった（図5-7）。以前から使用されていた、決まった時間に同じルートをまわる乗合馬車にヒントを得たもので、鉄道が入ってこられない市内の交通手段として役立っていた。ただ貨物を運ぶには適しておらず（貨物運搬は相変わらず船が主流だった）、一八五五年の万博が累計数百万もの来場者を集め、大量の人々がパリ市内を移動するようになると、その運搬量の乏しさが指摘されるようになった。これを解消するために、一九〇〇年のパリ万博に合わせての開業を目指して進められたのが地下鉄である（後述）。

オスマン時代に人々の生活も大きく変わった。上下水道や交通網、広場や公園の整備などで衛生面と利便性は飛躍的に向上した。パリの西にあるブーローニュの森も、かつては貴族たちの狩猟場で、その後は浮浪者が住み着くなどして治安の悪化を招いていたが、ここが整備されて一般市民に開放されたのも第二帝政期である（図5-8）。また、市場も数カ所設置され、商業の発達とともに店舗の数も増えていった。ブルジョワ層が拡大し、資本家のなかには大地主たる貴族をしのぐ富を築く者もあらわれた。一八五二年、パリに最初の百貨店（グラン・マガザン）であるボン・マルシェ（図5-9）が開店したのもそうした社会背景をうけてのものであり、それからパリでは次々に百貨店やホテルの開業が続いた。

図5-8　ブーローニュの森　20世紀後半には、ドラッグの取引に使われたりと、「昼でも行かない方がよい場所」と現地の人が言うような場所だった。近年、森の治安は大幅に改善され、中にある施設での催しなども多い。ただ夜間に人影の少ない場所では警戒が必要だ。

図5-9　ボン・マルシェ内観　パリ初の百貨店にして、見た目は大きく変わってしまったが、いまだに営業が続いている。

†オペラ座

オスマン時代のハイライトともいえるのが、オペラ座の建設である（図5-10）。一九世紀にパリはヨーロッパ一の文化の中心地となったが、オペラの世界でもミラノやウィーンと肩を並べる存在となったのは、オペラ座によるところが大きい。しかしその建設のきっかけとなったのはある物騒な事件であり、その背後にはイタリアがからんでいた。長い間、諸都市国家による分裂状態にあったイタリアは、その頃かなりの部分がオーストリアの支配下に置かれていた。イタリアでは統一運動が始まり、オーストリアに対抗するためにフランスの支援を必要としていた。ところが、国家間の表立った対立を恐れた皇帝ナポレオン三世はなかなか腰をあげようとせず、イタリアの独立運動家たちは焦り始めた。

一八五八年一月一四日、それまでパリのオペラ座だったル・ペルティエ劇場（現在のリシュリュー・ドゥルオー駅の近くにあった）で、あるバリトン歌手の引退記念公演が予定されていた。午後八時半、皇帝夫妻を乗せた馬車が正面入口に到着。その時、三発の爆弾が炸裂し、集まった人たちを吹き飛ばした。皇帝夫妻は無事だったが、一五〇人以上の死傷者を出す大惨事となった。オルシーニというイタリア人が逮捕されて処刑された。もし皇帝が亡くなれば、きっとフランスではまた革命が起きて、イタリアと手を結ぶに違いないと考えての犯行だった。

ナポレオン三世はすぐに新劇場の建設を始めさせた。それはとても民主的な手順でおこなわれた。一八六〇年、設計案のコンペが開かれ、一七一人もの建築家が応募した。それらはすべて一般にも公開され、選考委員会によって四段階の選出がおこなわれて五人が残った。彼らに修正案を出させておこなわれた最終選考の結果、それまで五位だった候補者

図5-10　オペラ・ガルニエ、正面外観　上部の金鍍金彫像は、シャルル・ギュムリー作で左が〈調和（ハーモニー）〉、右が〈詩情〉。地上階の壁面にも、ウジェーヌ・ギュイヨームやジャン＝バティスト・カルポーなどの彫像が並ぶ。

図5-11　オペラ・ガルニエ、大階段

が選ばれた。まったく無名だった建築家ジャン＝ルイ＝シャルル・ガルニエは、こうして国立オペラ劇場の通称「オペラ・ガルニエ」にその名を残している。なお現在、オペラの演目は基本的にバスティーユ新劇場で催されるようになったため、こちらは単にガルニエ宮やガルニエ劇場と呼ばれることも多い。

材料となる石を選びにガルニエ自らヨーロッパ中を旅してまわったあと、工事が始まっ

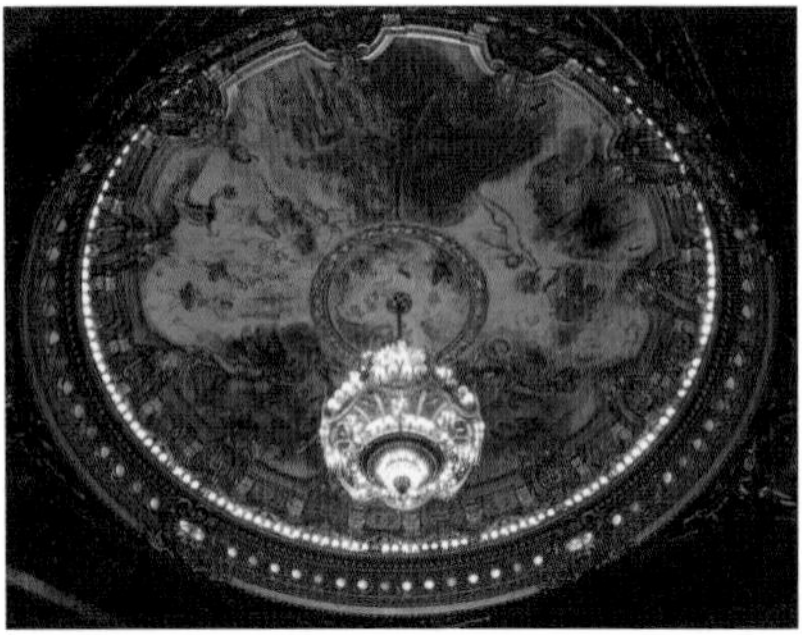

図5-12　オペラ・ガルニエ、オーディトリウム天井。天井画は、マルク・シャガール〈夢の花束〉1964年　シャガールの天井画は14人の作曲家にささげられている（モーツァルト、ベートーベン、ワーグナー、チャイコフスキー、ムソルグスキー、ストラヴィンスキー、ビゼー、ベルリオーズ、ドビュッシー、ラヴェル、ラモー、グルック、アダン、ヴェルディ）。それまではルヌヴーによる天井画が描かれていたが、1960年に、著名な作家で文化大臣だったアンドレ・マルローが、友人であるシャガールに新天井画を依頼した。

図5-13　ジュール・ウジェーヌ・ルヌヴーによる旧天井画（1869-71年）のレプリカ、オルセー美術館　19世紀フランス・アカデミズムの画家ルヌヴーは、詩神ミューズを主題に選んだ。シャガールの絵は直接描かれてはおらず、少し離して吊り下げられている。つまり、旧天井画は今もかわらずあるのだが、誰もそれを観ることはできない。

た。しかし基礎工事を始めてほどなく地下水があふれ出て、処理に困ったあげく地下に貯水池が造られた。爆弾テロから復活したル・ペルティエ劇場は、その間も公演を続けていたが、一八七〇年の秋に原因不明の火災によって焼失してしまった。その同じ年には普仏戦争が起きてパリも甚大な被害を受けた（後述）。そうした数々のトラブルを経て、コンペから一五年後、オペラ・ガルニエはようやく開場した。この時を待ち望んでいたナポレオン三世はすでにこの世を去っていた。

図５-14　オペラ・ガルニエの縮小断面模型、1986年、オルセー美術館　1875年のオープン当時の姿を復元したもの。そのため天井画はルヌヴーのものが描かれている。舞台はオーディトリウムとほぼ同じ奥行きがあり、その上に何枚もの緞帳や幕が吊り下げられている。オーディトリウムの右に大階段、舞台の左にグラン・フォワイエがある。模型製作者と担当はエコール・ボルサーニ（建築）、ジャンニ・ジャネーゼ（彫刻）、アメデオ・ブローリ（絵画）。

図５-15　マリア・カラスの最後の家　ジョルジュ・マンデル通りにある、アール・ヌーヴォー調の玄関をもつ瀟洒なアパルトマン。カラスはここで1977年９月16日に亡くなった。

正面口を入ってきた観客を出迎えるのが、圧倒的なサイズの大階段（図5-11）である。そこからオーディトリウム（メイン・ホール）に入ると、赤色で統一されたビロードの客席の上には、七トンもの堂々たるシャンデリアが輝いている（図5-12）。一八九六年五月二〇日、シャンデリアを支える鎖のうちの一本が切れ、鎖に付けられていた七〇〇キロの錘《おもり》が落ちて女性客の命を奪った。この事件に着想を得て、ガストン・ルルーが小説『オペラ座の怪人』を発表したのは一九一〇年のこと。アンドリュー・ロイド・ウェーバー作曲のミュージカルや映画などでご覧になった方も多いと思う。怪人が住む地下の池と洞窟に、オペラ座の実際の構造が活かされている。

ちなみに、今でもおそらく最もその名を知られたソプラノ歌手であるマリア・カラスが、一九五八年にパリのオペラ座と契約している。ギリシャ系アメリカ人のカラスは、優れた歌唱力と演技力とその美貌で世界的な大スターになっていた。しかしパリ・デビュー時に三五歳になっていたカラスは、その頃すでに全盛期の高音域の歌声を保てなくなっていた。そのことに起因するドタキャンなどが続いて、それまで主として出演してきたミラノのスカラ座と、ローマ、ウィーン、ニューヨークという大歌劇場からことごとく契約を解除されてしまい、最後に賭けたのがパリの舞台だった。

オペラ座でのデビューの曲目は、プッチーニの「トスカ」第二幕など。フランス大統領

図5-16　オペラ・ガルニエ、グラン・フォワイエ　舞台の背後にあるロビー。ヴェルサイユ宮殿の鏡の間と見まごうばかりの豪華さで、ポール・ボドリーによる絵画が天井を飾っている。

が客席から見守り、ヨーロッパ全土に向けてテレビ放映するための録画用カメラが回るなか、カラスの舞台はパリの観客を魅了した。彼女は自信を取り戻し、四三歳頃に実質的に引退するまで、世界中の聴衆の望みに応え続けた。パリにはカラスが晩年を過ごした家があり（図5-15）、彼女はそこで五三歳でひっそりと亡くなった（図8-14）。

†万国博覧会

一九世紀後半に何度か開催された万国博覧会が、パリを近代化させる大きな動因となったことは疑いない。先行したのはイギリスで、アルバート公（ヴィクトリア女王の夫）が推進役となって一八五一年にロンドンで開催された史上初の万国博覧会は、五カ月強で六〇〇万人もの来場者を集める大成功をおさめた。会場となったのはジョセフ・パクストン設計によるガラスと鉄骨でできた先駆的なプレハブ建築で、その見た目からクリスタル・パレス（水晶宮）と呼ばれた（一九三六年焼失）。万博は一八万ポンドという多大な利益をもたらし、ヴィクトリア&アルバート美術館もこの資金によって設立された。

一方のフランスは、もともと最初の博覧会と呼べるものを始めた国である。一七九八年にパリで開かれて以降何度かおこなわれたものが該当するが、ただそれは国内のみを対象とした内国博覧会だった。イギリスのライヴァルを自認するフランスとしては、ロンドン万博が経済的利益だけでなく国際的な地位の確立にも貢献したのを、ただ手をこまねいて見ているわけにもいかず、さっそくナポレオン三世は一八五五年にパリで万国博覧会を開催する。三四の国が参加し、シャンゼリゼ大通りの一角に設営された巨大な産業宮を会場におこなわれた（図5－17）。展示面積も出品者の数もロンドンのほぼ一・五倍にのぼり、六カ月間で五〇〇万人が訪れた。面白いところでは、この時にボルドーワインの格付けが始まっている。

図5－17　フィリップ・ベノワ〈産業宮〉*Paris dans sa splendeur*（『華麗なるパリ』、1861年）より
1855年パリ万博の会場となった産業宮（Palais de l'industrie）の正面入口。ベノワはフランス人版画家で、イギリスに渡って成功をおさめた。パリの名所をおさめたこの版画集は1857年に初版が刊行された。本作品は1861年に出た着彩版。

さて、娯楽が少なかった当時、王立美術アカデミーが主催するサロン（官展）は数十万人が訪れる一大イベントであり、そこに選ばれることがすなわちプロフェッショナルな画家として認められたことを意味した。言い換えればサロンに入選するかどうかは死活問題だった。サロン以上の規模で開催される万博もやはりサロン的な機能を期待され、この傾向は一八六二年のロンドン万博で芸術分野が拡大されて以降、一層顕著となった。プラス

図5-18　ギュスターヴ・ジャネ〈4月13日、テュイルリーでの日本使節団のレセプション〉1862年、ヴェルサイユ宮殿　高台に座るナポレオン3世夫妻に謁見する日本使節団。着物の細部などにはまだまだ誤解がある。ジャネによる原画を、シャルル・イリアルトが版画にしたもの。

チックが初登場したことなどで知られる一八六二年ロンドン万博だが、そこではアーツ・アンド・クラフツ運動の提唱者であるデザイナー、ウィリアム・モリスが受賞者に名を連ねている。なおこの万博に、福沢諭吉ら日本使節団が視察に訪れている。彼らはそのままパリまで足をのばし、ナポレオン三世に謁見している（図5-18）。幕府が結ばされていた不平等条約の改正交渉を目的としたものだったが、使節団は同時に、近代国家として認められることを目指す日本にとって、万博に参加することの重要性も認識させられた。

一八五五年パリ万博に話を戻すと、そこで展示される美術作品のコンペがおこなわれた時に、ギュスターヴ・クールベによる〈画家のアトリエ〉（図5-19）などの絵画は出品を拒否された。画家本人を称賛するようなナルシシスティックな構成が嫌われたというよりも、伝統的な寓意画《アレゴリー》からほど遠かったことによる。裕福な大地主の子である彼は、抗議として自ら別の会場を借りて展覧会を開いた。自分で作成したパンフレットからは、絵画四〇点とデッサン四点を展示し、一〇サンチームの入場料を取っていたことがわかる（図5-20）。これが結果的に史上初の（入場料をとる）個展となり、彼がパンフレットのなかに記した

図5-19　ギュスターヴ・クールベ〈画家のアトリエ〉1855年、オルセー美術館　当初〈私のアトリエ、7年間の芸術家人生を定義する現実的寓意〉とのタイトルが付けられた本作品には、モデルや友人たちが描かれただけでなく、さまざまな職種と階層の人々を並べて、彼自身の言によれば「卑俗な世界の住人」が表されている。主題の難解さだけでなく、6メートルという大きさや、こうした社会批判的な視点もまた審査側の反感を買ったのだろう。

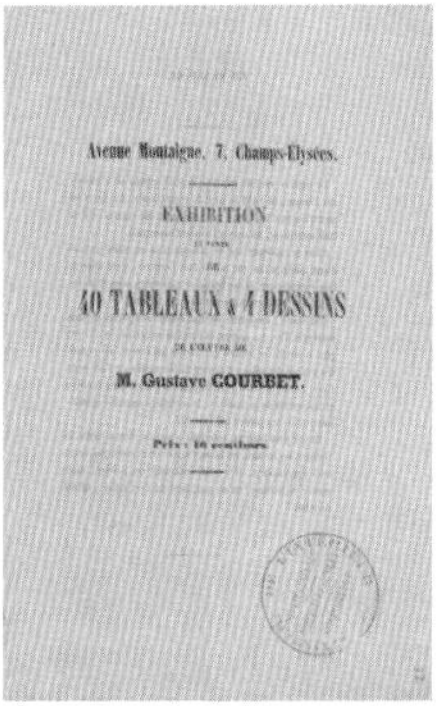
Avenue Montaigne, 7, Champs-Elysées.

EXHIBITION

40 TABLEAUX & 4 DESSINS

M. Gustave COURBET.

図5-20　クールベによる個展のパンフレット表紙、1855年、ブザンソン、市立古文書館Ms. Z.540　10サンチームは1フランの10分の1。透けて見える表紙裏ページには、「Le Réalisme（写実主義）」というタイトルが付されている。〈画家のアトリエ〉は出品番号1番。

図5-21　ウジェーヌ・シセリ、フィリップ・ベノワ〈万国博覧会会場〉1867年、ワシントン、アメリカ議会図書館
図の上方が南にあたる。きれいに長方形を描く敷地がセーヌ河沿いに設けられ、その後の万博でも引き続き会場となった。日本出展区域は、楕円形の内側から3番目の輪の、画面では右側の弧のあたりに設けられた（清と共用）。楕円形会場の中央には温室がある。そこからセーヌ河までの間の庭園部分中央に、その後エッフェル塔が建てられることになる。

「レアリスム（写実主義、リアリズム）」によって「生きた芸術を創りだす」ことを目指すとの主張は、今日「写実主義宣言」と呼ばれている。

パリで一八六七年に開かれた万国博覧会は、それまでの博覧会を圧倒するほどの規模となった。会場にはちょうど現在のエッフェル塔とシャン・ド・マルス公園を合わせた広大な長方形の敷地が与えられ（図5-21）、それまでのロンドンとパリでの万国博覧会で使われた面積のほぼ五倍となった。会期も七カ月と長く、出品者数と入場者数もそれぞれ従来の三倍近くに膨れ上がった。幕府は徳川昭武（慶喜の弟）を派遣し、渋沢栄一ら事務方を随行させて、日本からの初参加を果たした。ただ同時に薩摩藩と佐賀藩がそれぞれ単独で参加し、工芸品などを展示した和風建物が人気を呼んだ。幕末の日本国内での対立構図はここでも影響し、薩摩藩が独立国然とふるまったことに対し、現地で幕府

図5-22　1878年パリ万博で披露された〈自由の女神〉像頭部、Frédéric Auguste Bartholdi, *Album des Travaux de Construction de la Statue Colossale de la Liberté destinée au Port de New-York,* 1883. より　撮影はアルバート・フェルニック。女神像の設計はフランス人彫刻家フレデリク・バルトルディで、従来の自由の女神像にドラクロワのそれを加えている。やや怖い目つきは、彼が母親の顔を用いたからとも。

が抗議するなどしている。同年に王政復古の大号令が発せられ、周知のとおり翌一八六八年が明治元年となる。日本は一八七三年のウィーン万博で、明治政府として初めて公式に参加している。

パリはその後も一八七八年、一八八九年、そして一九〇〇年とたて続けに万国博覧会を開催しており、特に一九〇〇年には

図5-23　パリの〈自由の女神〉　市内中央やや西側にあるグルネル橋の中央にある。除幕式は1889年。ニューヨークの女神が抱える銘板にはアメリカの独立記念日（1776年7月4日）の日付が書かれているが、パリ版ではバスティーユ牢獄の襲撃日（1789年7月14日）が刻まれている。

図5-24　1888年5月15日時点のエッフェル塔の様子、Gustave Eiffel, *La Tour de 300 mètres*, 1900. より

図5-25　1889年パリ万国博覧会ポスター、1889年、ダルムシュタット大学図書館

オリンピック競技大会がアテネに次いでパリで開かれたこともあり、万博では五〇〇〇万人もの来場者を数え、パリは名実ともに万博の都となった。

女神・塔・メトロ

一八七八年万博では気球遊覧が人気を呼び、また〈自由の女神〉像の頭部が話題となった（図5-22）。先述したようにフランスはアメリカの独立戦争を支援し、フランス革命とも理念を共有したというつながりがあるため、アメリカ建国百周年にあたる一八七六年に〈自由の女神〉像の計画がスタートした。一八八四年に完成し、軍艦でニューヨークへ運ばれた。パリにも小型版（といっても一一メートル近いが）があって、セーヌ河に架かる橋の中央に建っている（図5-23）。

エッフェル塔は万博会場に建てられ始め（図5-24）、フランス革命勃発百周年を記念する一八八九年万博でお披露目された（図5-25）。それまで世界で最も高い建物だったワシントン記念塔でも一六九メートルであり、ましてや三〇〇メートルを超す建物など誰も見たことがなかった。よく知られているように、称賛と驚嘆の評に混じって、批判や侮蔑の言葉もわきおこった。

「（……）わが都の真只中での、無用にして醜悪なるエッフェル塔（……）の建設に、あらんかぎりの力と憤りとをもって反対するものである。（……）工場の巨大で黒々とした煙突のように、まったく目が眩むほどの馬鹿げた塔がパリを見下し、その野蛮な塊でもって、ノートルダムや（……）凱旋門といった建物を圧倒し、すべての記念建造物を辱しめ、すべての建築を矮小化して、恐ろしい幻影の中に消失せしめる（……）」（飯田喜四郎、丹羽和彦訳）。――この猛烈な非難の文章は当時の著名な芸術家たちの連名で出された。その中には、オペラ座の設計者ガルニエや美術アカデミーの中心的存在であるブグローやルヌヴー、作家のモーパッサンら錚々たる名が並んでいる。

このような反応があるだろうことは事前に容易に想像されたと思うが、コンペではギュスターヴ・エッフェルの案が全会一致で選ばれている。近代化の象徴でもある金属建築の粋を示すのに、これほどその目的に叶いかつ独創的な案はない、との理由からである。今ではエッフェル塔無しのパリなど考えられないほどの存在となっていることを見れば、こ

図5-26　エッフェル塔

の時の選考委員会が示した先見の明に喝采を送りたい。

　ただ、工事は難航を極めた。未踏の挑戦とあって技術的な困難さはもちろんだが、建設費の不足と工事夫たちのストライキなどが重なった。このあたりのいきさつをエッフェル本人が書き残しているが、それを読むと遅刻者を容赦なく解雇したりと、その強権発動ぶりと自信は恐ろしいほどだ。コストの超過分はなんと彼自身が借財として抱え、オープン後の入場料で補填したというのだから。こうしてエッフェル塔は一名の死者を出しながらもわずか二年二カ月の短い工期で完成し、万博に間に合った（図5-26）。

　万博とオリンピックの両方をパリが主催した一九〇〇年は、世紀の変わり目となる象徴的な年でもあり、開催規模もさらに拡大された。産業宮の跡地に建っていた建物を取り壊

上・図５-27　1900年パリ万国博覧会、水族館のポスター、1900年、パリ市立博物館
下右・図５-29　リュミエール兄弟による最初の有料映画上映館、1908年、Alexandre Sumpf, *Paris: ces photos qui racontent l'histoire*, 2015. より　カプシーヌ通り14番地には、かつてリュミエール兄弟によって、最初の有料映画上映館が1895年の年末に開館された。写真は1908年に撮影されたもので、当時の盛況ぶりがうかがえる。ここは現在、入口の位置などは同じものの、拍子抜けするほどごく普通の地味な建物になっていて、入口横にかつての歴史を示すプレートがはめられているだけ。

下左・図５-28　1900年パリ万国博覧会、特設会場シネオラマ館での上映の様子、1900年、リヨン、アンスティトゥート・リュミエール　画面右端に見える白い部分が大スクリーンの裏側で、20メートル四方の大きさがあった。最大で２万人以上の観客を収容できるこの会場で、15本の短編映画が計25分間にわたって上映された。

して、そこにグラン・パレとプティ・パレ（それぞれ、大・小の宮殿の意）という対となるメイン会場があらたに建てられた（コラムを参照）。当時世界最大の水族館が披露されたり（図5-27）、リュミエール兄弟が特設会場の大スクリーンで映画を上映して話題をさらうなどしている（図5-28、5-29）。

この年、パリの都市景観に関して起きた大きな変化はメトロ（地下鉄）の敷設である。鉄道に続いて地下鉄でもロンドンに遅れをとったパリは、その直後から議論を始め、はやくも一八七一年には建設計画が立案されていたものの、何度も論争が起きて実現には至っ

図5-30　パレ・ロワイヤル地下鉄駅工事の写真、1899年、パリ市歴史図書館アーカイヴ　撮影はシャルル・メンドロン

図5-31　メトロのルーヴル＝リヴォリ駅
1900年８月に開業した最初期の駅のひとつで旧名をルーヴル駅といったが、ルーヴル美術館改修によって隣駅がピラミッド経由で美術館により近い駅となったため、現在の駅名に改められた。たびたび内装が変更されたが、現在はルーヴルの彫刻作品のレプリカが置かれて厳かな雰囲気を作り出している。

ていなかった。ロンドン式の地下型では安全性が心配だ、いやアメリカ式の高架型では景観が台無しだ、といった具合に。結局、一九〇〇年に間に合わせるために慌てて工事が進められ（図5-30）、ポルト・マイヨー駅から、オリンピック会場となったヴァンセンヌの森までの路線から運用が始められた。都市防衛上の理由により、他の鉄道が入ってこられないように地下鉄だけで完結させる孤立性がはかられた。

パリのメトロの特徴のひとつが地上入口に施されたアール・ヌーヴォー様式のデザイン

図5-32　メトロのクレベール駅入口
6号線にある駅入口を飾る、ギマールによるアール・ヌーヴォー・デザイン。

図5-33　サミュエル・ビングの店、1900年、*Deutsche Kunst und Dekoration: illustrierte. Monatshefte für moderne Malerei, Plastik, Architektur, Wohnungskunst und künstlerisches Frauen-Arbeiten*, 6, 1900. より

図5-34　動く歩道、1900年、Sylvain Ageorges, *Sur les traces des Expositions universelles: Paris 1855–1937*, 2022. より　大きくカーヴを描いた高架式通路のうち、右側の最も低い部分が動く歩道。万博会場へつながる地区にいくつか作られて人々を驚かせた。ただこの写真では、皆怖がっているのか誰も使っていないようだが。

図5-35　1900年パリ・オリンピック競技大会でのマラソンの様子、Jules Beau, *Collection Jules Beau: Photographie sportive*, 1900. より

だが、これは建築家エクトール・ギマールによる（図5-32）。景観の調和などを理由に採用されなかったオペラ駅などをのぞき、相当数のメトロ入口がギマールのデザインを用いている。彼は当時まだ三三歳の気鋭の芸術家だったが、パーツをいくつかの規格に揃えて設計し、工場で生産したことで、非常に短い工期でのデザイン統一を可能にした。ちなみにアール・ヌーヴォーとは単に「新しい芸術」という意味だが、これはこの年に美術商のサミュエル・ビングが開いた店の名前にすぎなかった（図5-33）。ビングは一八七〇年代から

日本美術品の輸入で成功し、一八八八年からは月刊の美術雑誌『Le Japon Artistique（芸術の日本）』を刊行するなど、彼の活動はジャポニスムの形成と普及の大きな動因のひとつとなった。

近代オリンピックの開催を提唱したのはフランスの教育者ピエール・ド・フレディ・クーベルタン男爵である。彼は資金繰りに苦労しながらも第一回大会を発祥の地アテネで開催させていた。以降もずっとアテネで開くつもりでいたギリシャの意に反し、クーベルタンらは第二回大会としてパリを選んだ。ただ、まだ今日のように整った組織があるわけではなく、パリ大会はあくまで一九〇〇年万博の一部としておこなわれ、そのため期間も五カ月の長期にわたった。開会式も閉会式もなく、月桂冠さえまだなかったが、古代オリンピックに倣って運動部門と芸術部門があるのが当時のオリンピックの特徴のひとつで、後者の受賞者のひとりにクーベルタンがいる。後世のオリンピックでは競技とみなされないものも多く、そのため後にこの大会で公式競技として記録されたのは陸上競技のみである。大会の華であるマラソン（図5-35）のほかに、今は正式競技に含まれないポロやクリケット、スカッシュに似たバスク・ペロタ、はては魚釣りや綱引きまで競われたというのが楽しい。

colonne
パリの美術館
5

プティ・パレ

一九〇〇年パリ万博のために建てられたグラン・パレとプティ・パレの双子宮殿は、前者が年に数回の企画展示、後者が常設展示と用途が分かれる。どちらの設計もローマ大賞受賞建築家のシャルル＝ルイ・ジローで、コンペで選ばれた。ただ、グラン・パレの設計のかなりの部分を、彼の協働者たちの建築事務所が請け負っている。

古典主義を主としながらも、

プティ・パレ、レセプション・ギャラリー　19世紀後半の彫刻展示室。

プティ・パレ、正面入口

美術展示に適するようガラスがふんだんに用いられている。万博を訪れたベルギー国王レオポルド二世（過酷なコンゴ統治で悪名高い）がこの建物をいたく気に入り、ジローを宮廷建築家として招聘している。

回廊で囲まれた植栽豊かな中

ポール・ドラローシュ〈1789年７月14日、市庁舎前に集まるバスティーユの征服者たち〉1830-38年、プティ・パレ　４メートル四方のこの大作は、バスティーユ牢獄襲撃の日を想像で描いたもの。サロン入選の常連で、新古典主義の代表者のひとり。巧みな人体デッサンや正確な遠近法を駆使した写実的な描写を得意とし、35歳で美術アカデミーの会員となった。

ギマールの食堂、1909年頃、プティ・パレ　メトロのアール・ヌーヴォー様式デザインで知られるエクトール・ギマールは、1909年にアメリカ人画家と結婚し、大きな邸館を建てた。彼は建物だけでなく、あらゆる調度品を設計している。ギマールが1942年に亡くなったあと、ギマール夫人は1948年に邸館を売却。部屋ごとの調度品をそれぞれ異なる美術館に寄贈した。パリ市に寄贈されたのが、ここに復元されている食堂の調度一式である。

複数の画家〈ポール・ドラローシュの45人の教え子たち〉1835-43年、プティ・パレ　エコール・デ・ボザール（美術学校）の教授となったドラローシュは厳しい指導をおこなったが、多くの優れた弟子を育てた。この一風変わった作品は、教え子たちがお互いの肖像を描いたもの。しかし1843年、上級生が下級生を指導中に死なせる事件が起きてドラローシュは辞職に追い込まれた。

庭を持つ、台形型プランの建物。二〇〇五年にリニューアルオープンした。

グラン・パレ、正面外観　古典的な石造りと、その奥にある金属とガラスでできた構造体を組み合わせた折衷様式。ジローが基本設計をし、複数の建築家が分担して詳細設計を担った。写真は正面入口の外観で、アンリ・デグラーヌによる設計。

プティ・パレ、中庭と回廊
中央の庭園は半円形をしており、弧にあたるアーケード部分にカフェなどがある。

第六章 芸術の都

†サロン（官展）と落選者展

　これまで本書にしばしば登場した「アカデミー」なる用語だが、これは古代ギリシャのプラトンによる学びの場「アカデメイア」に由来する。これにならって、古代文化の復興運動であるルネサンス時代にイタリアで創られたのがアカデミアである。彫刻家バッチョ・バンディネッリによる私塾などが最初期の例だが、一六世紀後半にフィレンツェとローマで公的に組織化された。それらを模範として、フランスでも一六四八年にルイ一四世の首席画家シャルル・ル・ブランが「王立絵画彫刻アカデミー」を設立する。この時に付属学校として創られたのがエコール・デ・ボザール（美術学校、図6-1）である。
アカデミーの設立動機のひとつに、親方たちの既得権益団体であるギルドの力を弱め、無所属で活動する芸術家たちを守るためとの狙いがあった。彼らは直接王や貴族から勅許状を得て活動していたが、自分たちの教育機関が無いため、なかにはわざわざイタリアのアカデミアまで学びに行く者さえいた。ル・ブランらはフランスに同様の教育機関と、彼らが所属する組織が必要と考えたのだ。

図6-1　エコール・デ・ボザール、正面　セーヌ河をはさんでルーヴル宮の対岸にある由緒正しきエコール・デ・ボザールでは、黒田清輝ら日本からの画学生も学んでいる。中央段の銘板は、左から「絵画、建築、彫刻」と記されている。

しかしアカデミー自身も、またあらたな既得権益の保護団体となっていく。アカデミーはエコールの教授となる者を選ぶ際、当然ながらすでに会員や教授になっている者たちで審査をするため、アカデミーの権威化を避けるのは容易ではない。また、フランスのアカデミーは最初から王の庇護のもとで始まったため、体制側の意に背くような活動や教育はできない。加えて、職人組合であるギルドとの差別化をはかるため、彼らは自ら貴族化への道を選んだ。そのために、宴会で飲んで大騒ぎをするなといった、必要とは思えないようなルールを自分たちに課していた。そのような土壌が、あたらしい芸術を生み出すための理想的な場とも思えない。

アカデミーでは古典主義がかかげられ、古代とルネサンス、とくにラファエッロが理想視された。またナンセンスなことに主題にも優劣がつけられ、歴史画を頂点に置いて、神

図6－2　ジュゼッペ・カスティリオーネ〈1861年のサロン・カレ〉1861年、ルーヴル美術館　壁に隙間なく並べる展示方法や、異なる文明圏からの鑑賞者もいたことがわかる。右側の壁に、今はヴェルサイユ宮殿にあるヴェロネーゼの〈パリサイ人シモンの家の晩餐〉や、現在はプラド美術館所蔵のムリーリョ〈無原罪の御宿り〉などがある。左側壁面の巨大な絵画は今もルーヴルにあるヴェロネーゼの〈カナの婚礼〉。作者は同姓同名で円明園設計者のジュゼッペ・カスティリオーネ（郎世寧）とは別人。

図6－3　アンリ・ジェルヴェックス〈審査委員会のセッション〉1883年頃、オルセー美術館　サロンの審査の様子を描いた貴重な絵画。1883年のサロンのために産業宮でおこなわれた審査と思われ、1885年にグラン・パレで展示された。描かれているのはアカデミーの面々で、正確な肖像画ともなっているため、カバネルやブグローら多くの名が判明している。そのひとりが画面右で傘を高く上げている画家アントワーヌ・ヴォロンで、この仕草は審査での合格の投票を表す。

図6-4　オノレ・ドーミエ〈1855年の展覧会の数日前、アトリエの様子〉1855年、シドニー、ニュー・サウス・ウェールズ・アート・ギャラリー　これは1855年の展覧会への出品審査で落選した、失意の画家たちを描いたもの。画面右にあるカンヴァス画の裏側に、「落選（REFUSÉ）」と書かれている。

話画などがそれに続き、静物画や肖像画は下位に置かれた。

彼らが主催する展覧会も権威化していく。ルーヴル宮殿のサロン・カレ（方形の間）で展示されたため「サロン」と呼ばれるようになる展覧会（図6-2）は、はじめは会員や教員たちだけが対象だったが、一八世紀半ばからは会員以外でも審査に通れば出品できるようになる（図6-3）。テレビも映画もない時代には、今日では想像もつかないほどの関心が美術に向けられており、人々はこぞってサロンに押しかける。言うなれば芸術家は当時のスターであり、サロン側も彼らの作品をどのように大衆に見せればよいかを熟知していた。たとえば一九世紀前半でライヴァル関係にあった新古典主義とロマン主義の、それぞれのスターであるドミニク・アングルとウジェーヌ・ドラクロワの大型作品を、サロンの最も大きな展示室で向かい合わせに配置して対立構図を煽った事例などはその好例である。アングルはダヴィッド失脚後の画壇の親玉であり続け、ドラクロワはジェリコー（四〇頁右図）の遺志を継いで同時代の出来事を精力的に描き続けた。

サロンに出品できれば制作依頼も来るようになる。言い換えれば、サロンに通らないかぎり画家として食べていくことができない（図6-4）。応募者の数も増えていくと、倍率が上がってサロンはますます権威化していく。しかし、美大の教員として自戒を込めて書くが、美術作品の評価は難しい。特にそれが、従来の基準から外れた新しいものである場合には。実際に、後世の眼から見れば、一九世紀のサロンでは落選した作品のなかにこそ革新性が認められる。前章で扱ったクールベしかり、印象派の画家たちしかり。

一八六三年のサロンには五〇〇〇点もの応募があり、三千点もの落選作品が出た。以前から落選者が集まって自分たちの作品を別の場所で展示することはあったが、この年のそれは規模が大きく、審査のやり方や基準も論争を呼んでいたため、ナポレオン三世は産業宮を彼らの展示場所として使う許可を出した。こうして一八六三年の「落選者展（サロン・デ・レフュゼ＝拒否された者の展覧会）」が大々的に開催された。そのなかには、エドゥアール・マネの〈草上の昼食〉のように、神話のキャラクターではない生身の女性のヌードを描いたことなどを理由に非難を浴びた作品もあった。出品作は総じて大衆や批評家たちの嘲笑の的となったが、なかには肯定的な批評もあって、以降落選者展は一種の伝統行事となっていく。

†普仏戦争とパリ・コミューン

ナポレオン三世による第二帝政は、思わぬいきさつで終わりを迎える。プロイセンとの戦い（普仏戦争）の勃発と敗北である。

その原因は少々複雑だ。背景には、アメリカの独立とフランス革命以降、それまで西欧列強の植民地とされていた地域に独立の機運が高まっていたことがある。そのひとつがスペイン領キューバである。二〇年以上も女王イザベル二世の統治下にあったスペインと、キューバの独立を支援するお隣のアメリカ合衆国との関係が悪化する。スペインはキューバと同様に、ペルーやチリ、メキシコへの不毛な出兵を繰り返すなどしたために国家財政も悪化した。そのためスペイン国内でも各地で反乱が発生し、一八六八年に起きた軍部クーデターによって女王はフランスへ亡命した。

女王はパリで子アルフォンソへ王位を譲ったが、スペイン軍部はこれを認めず、ホーエンツォーレルン家（一一世紀からある家系で選帝侯のひとつ、当時はプロイセンの保護下にあった）のレオポルトを候補者とした。ところが、スペインへのプロイセンの影響力拡大を嫌ったナポレオン三世がこれを拒否し、開戦へと至った。

ここまででも複雑だが、さらにその裏には、ながらく諸領に分かれていたドイツのプロイセン主導による統一を悲願としていた宰相ビスマルクが、ナショナリズムを形成するために「ドイツ民族共通の外敵」の出現を望んでいた事情があった。国内をまとめるために外敵を作るやり方は、現代でもしばしば見られることだ。

こうして、プロイセンとバイエルンほか諸領邦の連合軍とフランスとの戦いが始まった。準備万端整うプロイセンに対しフランスは歯がたたず、セダンの戦いでナポレオン三世が捕虜となるなど連邦軍側が圧勝。フランスでは廃位が宣言されて、第二帝政はこれにて幕を閉じ、第三共和政が始まった。しかし、まだ戦争は終わらない。

連邦軍側はアルザス＝ロレーヌ地方の併合を条件に講和を提案したが、フランス政府はこれを拒否。連邦軍は進撃を再開し、一八七〇年九月一九日、パリ攻囲戦が始まった（図6-5）。鉄製大砲を用いる連邦軍に対し、いまだ青銅砲が主力のフランス軍はメスで大敗。一八万もの兵士が捕虜となった。翌一八七一年の一月五日にはパリ砲撃が開始される。そして連邦側はプロイセン国王ヴィルヘルム一世の、ドイツ皇帝としての即位とドイツ帝国の樹立を宣言した。戴冠式は占領地となっていたヴェルサイユ宮殿でおこなわれたのだから、フランスにとっては屈辱的なことだ。

約三週間にわたる砲撃の間、パリは極度の飢餓状態に陥った。肉屋の店頭には犬や猫、鼠の肉が並んだ（図6-6）。馬やロバの肉を入手するには幸運が必要だと、マネは市外にいた妻に宛てて書き送っている。一月二八日休戦協定、五月一〇日講和条約締結。アルザス＝ロレーヌ地方が割譲されてエルザス＝ロートリンゲンとなった。かつては日本の道徳の教科書にも載っていたアルフォンス・ドーデの『最後の授業』はこの時のことを書いたものだ。

図6－5　作者不詳〈シャンゼリゼ大通りで野営するフランスの兵士たち〉1870年９月頃、ニューヨーク、メトロポリタン美術館

図６－６　作者不詳〈パリの肉屋〉1870年、『L' Illustration européenne』誌、No.11, 1870, p.81. 食べ物が不足したパリの人々が、肉屋に来たはよいがその値段と種類に躊躇している様子。店員が左手で鼠を掲げているのが見えるだろうか。

図6-8　ヴァンドーム広場のナポレオン戦勝記念柱が倒された時の写真、1871年、Jules Andrieu, *Notes pour servir à l'histoire de la Commune de Paris en 1871*, 1971/2016. より　撮影ジュールズ・アンドリュー。

図6-7　ヴァンドーム広場のナポレオン記念柱　アウステルリッツの戦いを記念して1810年に建てられたもので、ローマにあるトラヤヌス帝やマルクス・アウレリウス帝の記念柱の様式を模している。敵軍から奪った大砲の青銅を溶かして原料としており、塔頂にはアントワーヌ＝ドニ・ショーデによるナポレオンの立像がある。パリ・コミューンによる破壊後、再建された。

政府の体たらくにパリ市民は激怒。今度もまた市民が蜂起し、革命政府「パリ・コミューン」が政権を握った。一八七一年三月一八日から五月二八日までのわずかな期間にすぎないが、史上初の労働者政権だった。レアリスム宣言の画家ギュスターヴ・クールベは、ここでも武闘派の気質を発揮して、コミューンの第一線で活躍する（彼の選挙ポスターも残っている）。彼は共和主義思想の発露の一環として、ヴァンドー

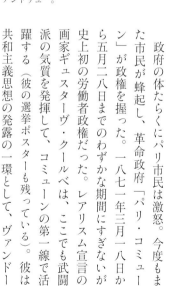

ム広場（旧ルイ一四世広場）の中央に建っていた円柱を引き倒すのだ。そこには、かつてルイ一四世の巨大な騎馬像が建っていたが（九〇頁下左図）、ナポレオンの戦勝を記念するブロンズの塔に置き換わっていた（図6-7）。クールベは演説で、ヴァンドームの記念柱は「皇帝の王朝による戦争と征服の思想をあらわすもので、共和国感情と相容れない」（筆者訳）と述べ、一八七一年五月一六日に実行に移された（図6-8）。しかし、ドイツ帝国と手打ちをした新政府軍がパリになだれ込み、コミューンは多数の犠牲者を出して鎮圧された。フランスの第三共和政はその後、ナチス・ドイツによる占領まで存続する。

図6-9　ピュヴィ・ド・シャヴァンヌ〈希望〉1872年、ボルティモア、ウォルターズ美術館　希望の擬人像が、荒れ地のなかで育ちつつある若木を手にする。普仏戦争による貧困と不毛からの祖国復興を願った作品。

†印象派のパリ

マルモッタン・モネ美術館（本章コラムを参照）に、印象派の名のもととなった一枚の絵がある。〈印象・日の出〉と呼ばれる、クロード・モネの作品である（図6-10、一七八頁下図）。ただしその名の由来は曖昧で、印象を描いただけだと否定的に批評されたからと書いている本もあれば、展覧会カタログに題名を載せる際、「〝ル・アーヴルの光景〟と呼ぶ気にもなれなかったので、〝印象〟と題し、そこから印象主義が始まった」（吉川節子訳）とモネ本人が後年述懐していたりする。

ともあれ、この作品が展示された一八七四年の展覧会が、後に「第一回印象派展」と呼ばれるようになる展覧会である。参加した若手画家たちは、ジャポニスムの影響で陰影の少ない平坦な人体表現を打ち出した新しさと、挑戦的な主題でいつも議論を巻き起こすことで革新派の代表と目されていたマネを慕っていた（図6－11）。ただしマネ本人はあくまでサロンに固執しており、女弟子のベルト・モリゾらに印象派展への不参加を呼びかけたが、最も近くにいた女弟子エヴァ・ゴンザレス以外は参加してしまった。

マネは参加しない理由を、特にセザンヌと一緒にされたくないからと説明している。実際にセザンヌの作風は当時の基準からは

図6－10　クロード・モネ〈印象・日の出〉1872年、マルモッタン・モネ美術館　それまでの風景画は、遠方の細部に至るまではっきりと描く手法が主流であり、当時の基準から大きく外れたこの作品は、人によっては大雑把に荒く色を置いただけの稚拙な絵に見えたことだろう。第1回印象派展のあと、1879年の第4回印象派展にも出品された記念碑的な作品。

図6-11　アンリ・ファンタン＝ラトゥール〈バティニョール街のマネのアトリエ〉1870年、オルセー美術館　イーゼルに向かうマネの左隣にショルデラー、手前で椅子に座ってモデルをつとめているのが批評家のアストゥリュック。着帽しているルノワールの右に髭をたくわえた作家ゾラ、その右に音楽家メートル。ひときわ背が高いのがバジールで、右隅に小さく写っているのがモネである。

露骨に下手だと判断されうるもので、やや武骨な人柄もあって変人扱いされていた。サロンのたびにカンヴァスを背負ってやってくるその姿は、まるで十字架を背負うキリストのようだと当時の雑誌にも書かれている。しかし彼による形態の単純化や極端な省略は、さらに後のキュビスムやフォーヴィスムを予告するものであり、その点で「現代絵画の父」の名にふさわしい（二一八頁）。

若手グループの中心にいたのはフレデリック・バジールで、一八六七年のパリ万博でのサロン審査に対し、仲間内の不満をまとめあげて抗議文を起草したのも彼である。そのサロンでは、バジール本人だけでなく、モネやルノワール、シスレー、ピサロ、セザンヌらがことごとく落選していた。そして同年、クールベが再び個展を開き、やはり落選していたマネまでが個展を開催したのを見て、バジールはグループ展の主催を思いついた。「サロンには二度と応募しません。（……）優秀な仲間たちとアトリエを借りて、自由に出品できる展覧会をおこなうのです」（筆者訳）。印象派展の誕生である。南フランスの裕福なワイン商の家に生まれた彼は、生活苦にあえぐ友人たちの作品を購入することで支援もしていた。彼のアトリエはグループのハブ的な場所となっていたが（図6-12）、普仏戦争が勃発してバジールは戦場へ赴き、二八歳の若さで戦死してしまった。

図6-12　フレデリック・バジール〈バジールのアトリエ〉1870年、オルセー美術館　窓の景色から、ここが高層階であることがわかる。エレベーターのない当時は、上の階になればなるほど家賃が安い。ピアノを弾いているのは画家エドモン・メートル、その頭上にモネの静物画、さらにその上に額入りのルノワールの〈二人の風景〉があるが、バジールはこれらの絵を購入して２人を援助していた。中央に長身のバジール、絵の前で批評しているのがマネ。残る３人ははっきりしないが、モデルはモネやルノワールのはずだ。

図6-13　ナダール写真館、Nigel Gosling, *Nadar*, 1976. より　写真館だけあってガラスの面積が非常に広い。画家たちは共同出資で２階部分を借りて展覧会をおこなった。

図6-14　かつてナダール写真館が入っていた建物の現在の様子　基本構造がそのまま用いられていることが外からもよくわかる。ガスパール=フェリックス・トゥルナション、通称ナダールは写真が商業ベースに乗り始めて最初に成功をおさめた写真家である。カタコンベやデスマスクなど、当時のパリの街と人々を幅広くモチーフとし、気球にも情熱を傾けた。さまざまな当時の画家たちのパリの景観画にはよく気球が描かれているが、それらはたいていナダールの宣伝気球である。

図6-15　ナダールの巨大気球「ネプチューン号」の飛行、Nigel Gosling, *Nadar*, 1976. より　普仏戦争中の1870年9月25日、モンマルトルの広場から飛び立ったナダールの気球は、友人デュリオフを乗せていた。気球がパリを脱出してヴェルサイユの上空に達すると、デュリオフはパリの状況を知らせて支援を募るビラを撒いた。普仏戦争中には、気球を用いて脱出させる手段がこの他にも採られている。

一八七四年四月一五日、写真家ナダールのスタジオの二階部分で展覧会が開かれた（図6-13）。入場料は一フラン。出品者は三〇名で作品数は一六五点にのぼった。ただ、参加者の顔ぶれを後世からみると、アドルフ＝フェリックス・カルスやレオン・ロベール、ギュスターヴ・コランら、印象派ではない画家が多く、最初は様式を限定しない落選者展の意味合いが強い。

展覧会は最初から厳しい批評にさらされた（図6-16）。セザンヌとは中学校からの友人である作家エミール・ゾラは、この時の様子を後に「女性たちはハンカチで笑いを抑えることはできなかった。男性たちはお腹を膨らませ、感情を抑えきれずに笑った。（……）独創的な作品について無能なブルジョワが思いつくような、愚かさ、ばからしい解釈、不当で無知な嘲笑のすべてが認められたのである」（三浦篤、坂上桂子訳）と小説に書いている。

図6-16 「絵画の革命だ！ そして恐怖の始まりだ」第1回印象派展の風刺画、1874年、パリ国立図書館

結局、約一カ月の会期で入場者数は約三五〇〇人になった。それも、初日に一七五人だった来場者数は最終日には五四人まで減っていた。この数字は、同じ年にほぼ同じ日数開かれたサロンが集めた四〇万人という

数とは、残酷なほどの隔たりがあった。結果的に、第一回印象派展は開催にかかった費用を回収することができずに終わった。

それでもめげずに、グループは出品者のメンツと開催場所を変えながらも印象派展を続けた。第二回（一八七六年、出品者一九名）、第三回（一八七七年、一八名）と、商業的な失敗は続き、辛辣な批評記事であふれた。グループでは「サロンには出品しないこと」が不文律となっていたが、生活がいよいよ苦しくなったルノワールは翌年のサロンに応募して入選を果たす。そこで知己を得たシャルパンティエ夫人を介して上流階級にパトロン層を広げ、彼らの肖像画を描くことで生活の安定を手に入れた。同様に困窮にあえいでいたシスレーもサロンへの応募再開を決め、彼ら二名は第四回印象派展への不参加が決まった。

この時期、かつてのバジールのように仲間を経済的に支援し、開催のために奔走していたのはギュスターヴ・カイユボットである。第四回も彼を中心に、一八七九年に開催にこぎつけた。前述の二名に加え、妊娠中のモリゾも不参加。印象派の中心だったはずのモネまでが当初不参加を伝えてきたが、カイユボットの説得によって参加した。しかし、かねてから「印象派」の名が気に入らないドガの強い主張により、たんに「独立芸術家集団」とすることとなる。徐々に集団内対立が明確になっていく。

しかし皮肉なことに、初日から多くの来場者が訪れて、閉幕時には六千フランの黒字を

図6-17　オランジュリー美術館の〈睡蓮の部屋〉　もとはテュイルリー宮殿に付随する形で建てられたオレンジ栽培用の温室だった建物を改装（名称もそこから来ている）。モネの〈睡蓮〉のためだけの特別展示室は1927年に造られた。

生んだ。同時期にサロンも開かれ、ルノワールは〈シャルパンティエ夫人と子どもたち〉を出品し好反応を得ている。マネも入選したが、シスレーとセザンヌは落選。自らの方向性に悩むモネもついに翌年のサロンへの応募を決意し、第五回印象派展への不参加が決まる。ドガは、モネを裏切り者と激しく非難している。

こうして、初期メンバーのうちドガとモリゾ、カイユボット、ピサロだけが残った。このうち前者三名は、経済的に恵まれていたために残ることができたと言える。ただひとりピサロだけが、果敢にも貧困のうちに茨の道を歩み続けた。

†さまざまな分野での「改革の世紀」

一九世紀の絵画は、アカデミズムの支配をうけながらも、クールベの写実主義と、外光主義のバルビゾン派（第九章を参照）が準備した土壌から印象派が生まれ、そこからゴッホとゴーギャンら後期印象派や新印象派へとめまぐるしくあらたな扉を開いていった。印象派展はつごう八回開催されたが、純粋な印象派展と呼べるのは最初の三回だけで、四回目以降はむしろ後期印象派のようなあらたな様式の発表の場となった点に重要性がある。特に一八八六年に開かれた第八回には、スーラとシニャックの点描派(新印象派)や、象徴主義に分類されるオディロン・ルドンらが参加している。

一方、保守的だったアカデミーからもあらたな方向性を模索する人々もいた。その代表例がギュスターヴ・モローである。アカデミーの正会員だった彼は、エコール・デ・ボザールの教授に就いて以降、学生たちの自由意思に任せて彼らの個性を伸ばす方針をとった。今では当たり前に受け容れられているこの教育法も、当時のエコールでは他の同僚たちから疎まれたほどに新しかった。そのおかげで彼のもとからはアンリ・マティスやジョルジュ・ルオーといった優れた画家が育ち、彼らは後にフォーヴィスム(野獣派)を創始した。モローは常々教え子たちに、師に背いてもよいから自分の考えを持つように言っていた。彼が語ったとされる「私はただの橋です。渡るかどうかは自分で決めるのです」(筆者訳)という感動的な言葉は、およそ教師を生業とするあらゆる者にとっての箴言である。彼のアトリエはそのまま美術館となっており、膨大な彼の作品とコレクションがあるだけでなく、彼自身がデザインした家の造り自体が愛らしい(図6-18)。彼は象徴主義の大家であるとともに、抽象絵画の先駆者のひとりでもあった（図6-19）。

一方、公共性の高い建築は、規模が大きいものになればなるほど宿命的に為政者の意向を強くうける分野である。ナポレオン一世時代には、「帝政は古代ローマの様式を好む」の法則通りに、エトワール凱旋門のジャン＝フランソワ・テレーズ・シャルグランらが活

図6-18　ギュスターヴ・モロー美術館、内観　モローがまだ20代の頃から住み始め、自作の展示室とすることを念頭に置いてデザインされたため、大量のデッサンや水彩画を閲覧できる優れた収納システムを持つ。それらと油彩画を合計すると収蔵品数は1万を超える。初代館長は弟子のルオー。

図6-19　ギュスターヴ・モロー〈習作〉1890年頃、ギュスターヴ・モロー美術館　彼はサロメの連作や神話画などで有名だが、抽象絵画の先駆者としての一面も持つ。油彩で描かれた本作品は縦30センチメートル弱の小品だが、「頭の中にある（具体的ではない）イメージを視覚化する」という抽象表現の一例である。

躍した。オスマン改造も第二帝政期でのことなので、擬古典主義がオペラ座のシャルル・ガルニエなどによって形となった。そのなかで、建築史家でもあるウジェーヌ・エマニュエル・ヴィオレ＝ル＝デュクが推進した修道院の修復などは、今日のパリに歴史的重層性をもたらした点で重要である。

では彫刻はどうだったか。すでに見たように、凱旋門に付されたレリーフや、記念柱やオペラ座を飾る彫像群は、やや装飾過多な派手さで為政者の意向に沿っていた。一方、カルポーの作品（一一六頁左図）は悲劇を題材に、生々しい表現で彫刻における写実主義を体現した。アカデミーは依然として擬古典主義に支配されたままだったが、これに激しく反抗したのがオーギュスト・ロダンである。彼の人体像のあまりのリアルさに、人体から直接石膏取りをしたのではないかと疑われたことさえあった。それならばとロダンは、サイズを人体よりはるかに大きくして、石膏取りなどに頼らぬ自らの技量を証明している。彼は苦悩や絶望、狂おしいほどの愛やその喪失感を彫刻で表現し（図6-20）、この分野の近代化を担った。

日本の戦国時代やイタリアのルネサンス時代のように、激動期にはなぜか大芸術家が多く出るもので、一九世紀フランスでもこの法則が該当する。この世紀の前半には美術と同様に文学でもロマン主義が主流となったが、そこで描かれる神話性や演劇性は、言葉を換えれば非現実性ともいえた。その反動だろうか、エミール・ゾラは『居酒屋』などの彼の一連の著作のなかで、人と社会の悪いところもかまわずそのまま描写する自然主義を打ち出している。この一石は他国にも波及して大きな動きとなったが、やはりそれに対する反動もあって、いや美こそ至高なり、とする耽美主義が台頭する。この傾向は、普仏戦争の敗北やパリ・コミューンの悲惨な結末をうけて、死や悪への耽溺を特徴とするデカダンスへとつながった。シャルル・ボードレールの『悪の華』がフランスにおけるその代表的な

図6-20　オーギュスト・ロダン〈地獄の門〉1880-1917年、ロダン美術館　ダンテの『神曲』を着想源とし、1879年に依頼を受けてから亡くなるまで何度も手を加えた、ライフワークと呼べる作品。6.4メートルほどの高さがある。最初はダンテを表していた、上部の頬杖をつく男性像は、単独で巨大化されて〈考える人〉になった。東京の国立西洋美術館をはじめ、世界中に鋳型を共有する作品がある。

図6-21　ロダン美術館とその庭園　ロダンがもともと住んでいた邸館であり、作品を国に寄付するかわりにそのまま美術館にしてほしいとの希望をうけたもの。ロダンとクローデルの作品を中心に、収集家だったロダン自身のコレクションが展示されている。個人の名を冠する美術館としては破格の規模で、彫刻作品だけでも6千点以上所蔵している。

図6-23　カミーユ・クローデル〈成熟期〉1899年、ロダン美術館　カミーユはその後長い間忘れられていたが、ロダン美術館で彼女の作品の多くが展示されてからは、彫刻家としてのその優れた才があらためて評価された。本作品はすがりつく「若さ」を離れ、「死」とともに歩んでいく「老い」を表す。自らを捨て、老妻ローズとの生活を選んだロダンに対する、露骨な怒りと絶望の表現である。

図6-22　オーギュスト・ロダン〈ショートカットのカミーユ〉1882年頃、ロダン美術館　カミーユはロダンのお気に入りの弟子でモデルもつとめた。24歳も年下のカミーユの直情的な愛にロダンも一時期夢中になるが、妻ローズとも別れられずに泥沼に。カミーユの嫉妬深さもあって結局ふたりは別れてしまう。精神を病んだカミーユは、南フランスの病院でほぼ監禁状態のまま、死までのおよそ30年間を過ごした。

例である。同じく詩人のアルチュール・ランボーは、世紀後半のわずか五年ほどの間に、従来のルールをかなり崩した詩を次々に発表し、現代詩の可能性を示すと書くのをやめて放浪に出てしまった。

フランスでは識字率の向上とともに新聞や雑誌などが多く読まれるようになり、ジャーナリズムは大きな発言力を持つようになった。新聞のほとんどに挿絵が付いているか、あるいは挿絵の方がむしろ中心を占める媒体もあった。本書でも風刺画の形で何度か見てきたが、そうした社会風刺の視点はフランスが他国に先駆けて発達させた分野であり、政治から芸術までの広い範囲が批評の対象となった。

音楽の状況についてはオペラ座の章ですでに触れたが、世紀前半にフランスのみならずヨーロッパ全域で高い人気を誇っていたのがほかならぬフレデリック・ショパンである。彼はポーランド生まれだが、二一歳でパリに来て、翌年の演奏会でたちまちスターになった。多くのピアノ曲を作りながら、パリでさまざまな分野の著名人と交流する。ドラクロワが描いたやや神経質そうな顔つきのショパンの肖像画も残っている（図6-24）。これはもともとショパンと恋愛関係にあった文筆家ジョルジュ・サンドとの二重肖像画だったが、ふたりの関係がスキャンダルになったためか、画家が切り離してしまった。積極的なサンドに押し切られる形で始まったふたりだが、交際はショパンが亡くなる二年前まで続いた。

図6-24　ウジェーヌ・ドラクロワ〈フレデリック・ショパン〉1838年、ルーヴル美術館　同じロマン主義の理念を共有する者同士ということで、ショパンとドラクロワは深い親交を結んだ。ドラクロワはショパンとジョルジュ・サンドとを並べて描いたが（その状態で描かれた模写もある）、両者を切り離して別個の作品とした。サンドの肖像画のほうは現在デンマークにある。

図6-25　ショパンが住んだアパルトマンのひとつ　ショパンは1842年から49年まで、オルレアン広場9番地にあるアパルトマンで暮らした。中庭に大きく美しい噴水がある。最初の5年間ほどはジョルジュ・サンドと同居。最後の数カ月はここではなく、ヴァンドーム広場に面した高級アパルトマンへ移っており、そこで姉の献身的な看護をうけながら息をひきとった。

この稀代の作曲家は三九歳の若さで、おそらく結核で世を去るが、その短い生涯の半分ほどをパリで暮らした。市内には彼が住んだアパルトマンが幾つか残っている（図6-25）。

音楽の世界に関して、一八七一年にパリで国民音楽協会が設立されたことは興味深い。これはフランス人だけが入会でき、フランスの存命作曲家の曲だけを演奏するという、露骨なまでに国粋主義的な団体だった。当然ながらここにも、普仏戦争の敗戦からの復興を願う国民意識が反映されている。設立の音頭をとったひとりが「動物の謝肉祭」などで名高いカミーユ・サン＝サーンスである。創立当初のメンバーのなかには、ほかにオペラ「カルメン」などの作曲家ジョルジュ・ビゼーや「レクイエム」などで知られるガブリエル・フォーレがいる。また、後に同協会に所属したなかには、クロード・ドビュッシーやモーリス・ラヴェルらがいる。ちなみに両者とも印象派と呼ばれるが、ドビュッシー本人はそう呼ばれることをはっきりと拒否している。

colonne
パリの美術館
6

マルモッタン・モネ美術館

マルモッタン・モネ美術館は、もともとヴァルミー公フランソワ・ケレルマンが狩猟時に使う別邸として一九世紀半ばに建てたものを、一八八二年に役人のジュール・マルモッタンが購入した。その子で美術史家になったポール・マルモッタンが、家具や新古典絵画を収集して現在の美術館の基礎ができた。彼はアカデミーに自らのコレクションを遺贈し、アカデミーはこれ

マルモッタン・モネ美術館、外観

マルモッタン・モネ美術館、内観　調度品や工芸品の多くにポール・マルモッタンの古典趣味が反映されている。写真左の壁に掛かっているのはポール・ゴーギャンの〈ブーケ〉、右側の壁の鏡の隣はカイユボットの作品（次頁上右図）。

ベルト・モリゾ〈湖の岸で〉1883年、マルモッタン・モネ美術館　マネの弟子で、マネの弟の妻となった画家ベルト・モリゾの作品も、遺族から25点の絵画が寄贈されたことで、マルモッタンが最も多くのモリゾ作品を持つ美術館となった。背中を向けているのは娘ジュリー・マネで、マルモッタンにはジュリーをモデルとしたルノワールらの絵や、ジュリー本人が長じてから描いた絵などもある。

ギュスターヴ・カイユボット〈雨の日のパリ通り〉（第1ヴァージョン）1877年、マルモッタン・モネ美術館　写真に写っていた作品。シカゴ・アート・インスティテュートに、より細部まで仕上げられた第2ヴァージョンがある。当時の街の様子と人々の服装がよくわかるが、この交差点は今もほぼそのままの形で残っている。ミシェル・モネによる寄贈。

マルモッタン・モネ美術館、中世美術展示室　印象派のコレクションで有名だが、ビザンチン美術のイコンやステンド・グラス、刀剣など、マルモッタンには優れた中世美術も展示されている。

を一九三四年にマルモッタン美術館の名で公開した。

開館の四年後にはブグローのデッサン群が遺族から寄贈されるなど、現在に至るまで、マルモッタンは世界中から絵画の寄贈を受け続ける美術館である。とりわけ、モネの次男で（長男が他界したため）唯一の遺産相続人だったミシェル・モネによって、一九六六年に一〇〇点以上の作品が美術館に寄贈されたことで、マルモッタンは世界で最も多くのモネ作品を有する美術館となり、館名もマルモッタン・モネ美術館に改められた。

マルモッタン・モネ美術館、モネの部屋 円形の部屋に、〈睡蓮〉の連作がずらりと並ぶ。

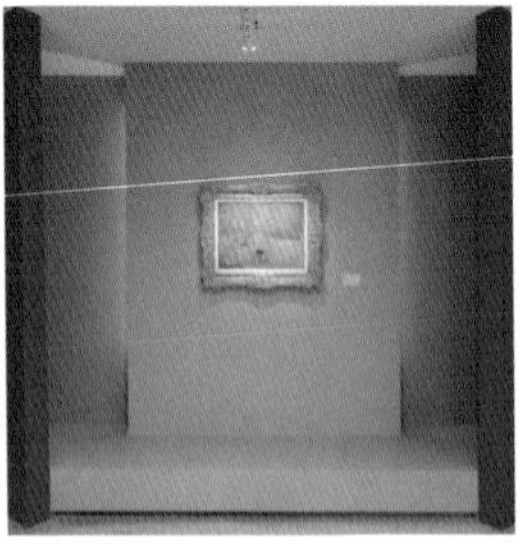

モネ〈印象・日の出〉の特別展示コーナー、マルモッタン・モネ美術館 〈印象・日の出〉はモネの医師だったジョルジュ・デ・ベリオの遺族が20世紀に寄贈したなかの1点。1985年10月に美術館は盗難にあい、〈印象・日の出〉を含む9点の絵画が盗まれた。犯人はフランスにベースを置くギャング組織であり、別の絵画盗難事件や東京で起きた三菱銀行現金強奪事件で得られた指紋などから追い詰められ、逃亡先のメキシコで逮捕。1990年に美術品もコルシカ島ですべて発見された。

第七章　二つの大戦とその後

†ベル・エポック

フランスは第三共和政のもとでようやくひとつの国になったと言える。それまではフランス語以外の言語を話す地方も多かったのだが、全国で同じ国語教育がなされることで、一九世紀末にはほぼ全土にフランス語が公用語として行きわたった。言語の普及は国民意識の向上や統治のための柱とみなされており、一八八三年に創設されて今も日本をはじめ世界中にあるアリアンス・フランセーズは、もともと「植民地および外国へのフランス語普及のための全国協会」として誕生した。

同協会の名に「植民地」の語があるが、フランスは大航海時代でやや遅れをとったものの、かつては北中米やアフリカ、アジアにいくつもの植民地を獲得していた。しかし北米領土をナポレオン一世がアメリカに売却し、また大革命が諸外国に独立の機運をもたらしたせいでいったんは植民地の多くを失った。しかし第三共和政に入ってから、フランスは再び海外領土を増やしていく。そのなかには仏領インドシナ（現在のベトナム、ラオス、カンボジア）や広州租借地が含まれる。現在、アフリカでフランス語を公用語とする国は、たいてい「フランス植民地帝国」と（帝政ではないにもかかわらず）呼ばれたこの時期の植民地の一部である。一八九四年には、それらを統括するための植民地省をパリに置いている。

またフランス政府は教会からの干渉をできるだけ排除するため、政教分離を進めた。そのため離婚することが可能になり、また安息日である日曜日に働くことも認められた。各都市にある共和国広場はこの時期に名付けられたもので、国旗と国歌もほぼ全土に定着したが、これも普仏戦争以降目立って強まったナショナリズムが後押ししていた。しかしナショナリズムは一方で排外主義にもつながり、一八九四年にはユダヤ系将校ドレフュスがスパイとして誤認逮捕され、冤罪だと判明した後も数年間にわたって隠蔽されていた事件が起き、根深い反ユダヤ意識を背景に世論を二分する問題へと発展した（図7-1）。

一九世紀末には景気もようやく安定し、第五章でみたように、かつてない規模で開催された一九〇〇年万博はフランスに特需をもたらした。あらたに登場した地下鉄がその後も整備されていき、地上の交通手段も馬車から自動車へと徐々に主力が移っていった。エンジンを積んだバスが最初にパリを走るのは一九〇五年のことである。

工業化の波は人々の生活を変えていく。一九一四年にはパリに電気配給会社が開業する。それまでガス燈に頼っていた夜の明かりは電気へと徐々に切り替わっていくが、これは同時に、市民生活を脅かしてきた火災のリスクが大幅に軽減されたことをも意味する。電話も使われ始めるが、こちらはまだまだ一部の限られた層と職種のものであり、一九一四年時点で加入者数は六万人にすぎない。一九一〇年に起きた大規模なセーヌ河の氾濫は、区域によっては人の身長ほどの高さまで水没し、地下鉄や電気といった新しいインフラをこと

図7-1　アルフレド・ドレフュスの墓、モンパルナス墓地　砲兵大尉だったドレフュスはドイツのスパイとして疑われて逮捕。終始無実を主張したが有罪の宣告を受けた。兄マチューと協力者たちが独自調査に乗り出し、裁判の誤りを発見。軍は隠蔽しようとして嘘を重ね、裁判所はまたしても正しくない判断を下した。これに対して知識人たちが声をあげ、なかでもエミール・ゾラの「私は弾劾する」という告発文は反響を呼んだが、ゾラは理不尽なことに罰金刑を言い渡された。ドレフュスの無罪は1906年にようやく認められた。

ごとく停止させた（図7-2）。人々はそうしたリスクも初めて知ったが、しばらくの停滞の後、工業化は一層速度を増して進んでいった。都市部人口は増大していき、かつては全土で八割がたを占めていた農業従事者の割合は、一九一一年には五六パーセントまで減少していた。

一九世紀末から第一次世界大戦までの時期を「ベル・エポック（良き時代）」と呼ぶが、それは以上のような近代化と産業の発展に支えられていた。経済の発展と生活レベルの向上は、ながらくフランス人を暗澹たる気分にしていた普仏戦争の敗北の記憶から人々を解放した。カフェやレストラン、ダンスホールやサーカス、劇場や映画館が賑わいをみせた。一九一〇年には高級注文服（オートクチュール）の発表会がパリで開かれている。今も続くいわゆる「パリ・コレ」である。そしてベル・エポックのアイコンとなったのが、一八四四年にパリで生まれた舞台女優サラ・ベルナールである。

図7-2　大洪水時のオルセー駅の様子、1910年、パリ国立図書館　当時の平常時のオルセー駅の写真（116頁右下図）と比べると、鉄道の客車がすっぽり浸かってしまう高さ（約3メートルほどか）まで水没したことがわかる。

高級娼婦だった母に育てられたサラは、コンセルヴァトワール（国立音楽演劇学校）を卒業後、演劇の道へと進む。まずコメディ・フランセーズ（八七頁）に入るが、いさかいを起こして退所し、月あたり一五〇フランの契約でオデオン座（図7-4）へと移る。そこはコメディ・フランセーズと並ぶ国立の名門劇場で、サラはここで最初の成功をおさめる。生涯を通じて派手な恋愛遍歴を重ねるサラは、二〇歳の時に貴族の男性との間に子をもうけ、画家ギュスターヴ・ドレら多くの著名人と関係を持った。官能的な舞台は時に教会を怒らせ、ミサでサラの舞台へ行かないように信徒に説いた神父もいる。しかしその演技は観客を常に魅了し、その姿を写したブロマイドは飛ぶように売れた。さまざまな企業がサラを広告に使い、彼女が宣伝した品は社交界の女性たちの間で即座に流行した。あらゆるイベントにその姿があり、すべての社交の場で華となった。

図7-3　ピエール＝ヴィクトール・ガラン〈マキシムにて〉1906年、個人蔵　コンコルド広場近くでもともとアイスクリーム屋を営んでいた店舗を、マキシム・ガイヤールが友人と1893年にビストロとして開業。たちまち流行のスポットとなって、作家マルセル・プルーストや詩人ジャン・コクトーらが通った。ベル・エポックのシンボル的な存在。以前は東京にも支店があったが、2015年に閉店した。

図7-4　オデオン座　1782年にテアトル・フランセ（フランス劇場）として建設された劇場で、1797年にオデオン座へ改名。火災にあった後、1807年にシャルグラン（169頁）の手で再建された。

彼女は自ら絵画や彫刻も手掛け、実際にかなりのレヴェルの作品を残している。公演の告知ポスターに力を入れたのもサラの功績のひとつで、アルフォンス・ミュシャは彼女によってチャンスを与えられた。ミュシャはチェコからパリに出て、まだ無名だった三四歳の時、サラの公演のポスター制作の注文をうけた。五〇歳になろうとしていたサラが主演の、ヴィクトリアン・サルドゥー作「ジスモンダ」公演である（図7-5）。ミュシャから見本を見せられたサラは感激して、その場で六年間の契約を結んでいる。ミュシャはこうしてサラの舞台のポスターを発表し続け、時代の様式となっ

図7-5　アルフォンス・ミュシャ〈ジスモンダ〉ポスター、1894年、個人蔵　アール・ヌーヴォーの平面作品と言えばミュシャだが、それはこのポスター制作がきっかけであり、結果的にミュシャの出世作となった。最上部にジスモンダ、その下に（サラ・）ベルナールの文字、最下段はサラが当時契約していたルネサンス劇場の名である。

たアール・ヌーヴォーの代表的なデザイナーとなった。

†第一次大戦のパリ

一九一四年七月三一日、パリのカフェでジャン・ジョレスが頭部に銃弾をうけて暗殺された。彼は社会党の指導者で、機関紙「リュマニテ」の創刊者である。その一カ月前にはボスニアのサラエボで、オーストリアのフェルディナント大公夫妻が狙撃されて殺害される事件が起きており、周知の通りこれが引き金となってヨーロッパは第一次大戦へと進んでいく。平和主義を掲げるジョレスは兵役期間を二年から三年に変えようとする法律に反対するキャンペーンを打つなど、フランスが徐々に戦争準備を進めることを危惧して抵抗していた。犯人は考古学を学ぶ学生で、急進的な右翼思想の持ち主だった。この事件の衝撃は非常に大きく、議論がまきおこったが、結局犯人は無罪放免となり、ジョレス夫人はなんと裁判費用の支払いを命じられた。

フランス国民は、普仏戦争以来ずっとドイツに対する復讐心を抱えていた。しかし敗北の爪痕は深く、賠償金の支払いもあって軍事面では大きく遅れをとっていた。そこへ、常にライヴァル関係にあったはずのイギリスが同盟をもちかけてくる。それまでイギリスは孤立主義をとっていたが、ドイツの強大化を危惧したのに加えて、植民地獲得競争でフランスとロシアと手打ちをした方がよいと判断したのだ。こうして、ドイツとオーストリアを中心とするグループと、英仏露の三国の間で緊張が高まっていく。

長くオリエント世界に覇権を築いていたオスマン・トルコは、近代化で遅れをとって以来、弱体化が続いていた。イギリスをはじめ西欧列強から介入をうけ、かつての領土だったバルカン半島は名目上はまだトルコに属してはいたが、実質的に西欧の統治下にあった。そこへ、オーストリアがボスニア・ヘルツェゴヴィナの完全併合を発表して、微妙に保たれていたバランスは一気に崩れた。

ジョレスが斃《たお》れた翌日の八月一日、各新聞に「総動員令」の大見出しが躍った。現役の兵は八〇万人ほどいたが、そこにさらに予備役の三〇〇万近い兵が招集される。半数は農民のため、二〇歳から四八歳までの男性が消えた畑には女性と老人だけが立っている。フランス全土から集められたなかには多くの馬もいた。騎兵隊はまだ軍の一端を担っていたし、物資の補給にも馬は欠かせない。パリの駅は、各地から列車でやってきた兵たちで溢れかえる。彼らには、靴下からライフル、それに付ける銃剣や水筒まで、装備一式が渡される。「ラ・マルセイエーズ」の歌声が響くなか、誰からともなく「ベルリンへ！」と口々に言い始める（図7-6）。

八月三日にはドイツがフランスに宣戦布告。その翌日には政党が思想と政策の違いを超えて協力する挙国一致体制ができあがる。一一日にはフランスがオーストリア＝ハンガリー帝国に宣戦布告。ふたつの陣営の国々がそれぞれ通達しあって、ヨーロッパは全面戦争に突入する。月末までには日本も日英同盟によって参戦している。前世紀にも何度も戦争が起きていたヨーロッパでは、開戦時、この戦争がこれほどまでに長引き、膨大な数の犠牲者が出るものになるとは思っていなかった。戦車や航空機の登場、装備の近代化、爆弾の威力の増大、ガスの使用などによって、戦場は凄惨を極めた。

八月三〇日にパリはドイツ空軍による空爆を初めて受ける。これをみて、ルーヴル美術館から、南フランスのトゥールーズへ疎開のための美術品輸送も始まった。パリは何度も空爆をうけ、ツェッペリン型飛行船から投下された爆弾は街路に大きな穴をあけた（図7-7）。秋には開戦時に用意した備蓄をほぼ使い尽くしたが、これは相手側も同じ状況だった。そうなると、戦闘継続のためには国民から徴収したり、使用を制限することで対処するほかない。こうしてガスや電気の使用時間が切り詰められ、パンや肉、砂糖などが配給制に切り替わる。とりわけ、炭鉱をいくつか

図7-6　国境地帯へ出発する兵士たち、『Le Pays de France（祖国フランス）』誌、1914年8月1日号表紙、パリ国立図書館

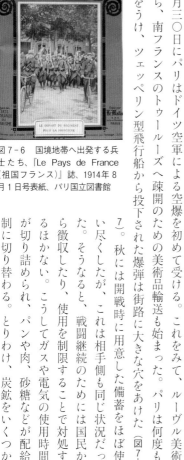

図7－7　ドイツの空爆によってパリの街中にあいた穴、1916年1月29日、Chronique de la guerre, No. 84, 1916. より

ドイツに占領されたため、厳しい冬にも石炭がわずかな量配給されるだけになる。戦死者はあっという間に数十万に膨れ上がる。危険が迫ったパリから、一時的にボルドーに政府が疎開する。西部戦線では、数百キロメートルにわたって築かれた塹壕戦で、累計で百万人以上の死者を出すことになる。その苛烈な様子は、その後何度も小説や映画で採り上げられることになる。

しかし、一九一七年にはロシアで革命が起きて共産党政権が誕生し、同じ年にアメリカも連合国側で参戦したことで状況は大きく変化し、翌一九一八年の秋にパリはようやく平和を取り戻した。開戦から四年あまりの間に、フランスは軍民合わせて一七〇万人近い戦時犠牲者を出していた。これは国民のおよそ二〇人に一人にあたる（推定値には諸説ある）。

混乱期にはさまざまな奇妙なことが起こるもので、マタ・ハリのスパイ疑惑事件はなかでも人々の耳目を集めた。エキゾチックな顔つきと名前とはうらはらにオランダの生まれで、本名をマルハレータ・ヘールトロイダ・ゼレという。母国で結婚するもうまくいかず、二七歳で職を求めてパリに出る。そこで娼婦として食をつなぐが、ショーでジャワ舞踊の真似をしたところ人気が出たため、マタ・ハリの芸名で踊り子となる。その後はとんとん拍子に成功を重ねていき、全ヨーロッパ規模のスターとなり、一晩で一万フランを稼ぎ出すことさえあった（図7-8）。

しかし、第一次大戦さなかの一九一七年二月、彼女はスパイ容疑で検挙される。当局が解読した暗号に、マタ・ハリと思われる人物がスパイとして出てきたからだ。有名人の逮捕は世間を大いに騒がせ、経歴や関係をもった人物などが明らかにされるにつれて大きなスキャンダルとなった。同年秋、銃殺刑により四一歳で死去。彼女は成功後も高級娼婦としての仕事を続けており、多くの男性と関係をもった。そのなかにはさまざまな国籍の軍人もいた。有名人になっていた彼女はさまざまな世界に顔がきくため、軍人たちのいろいろな頼みを取り次い

図7-8　マタ・ハリのポストカード、1906年、DutchNewsより　撮影はルシアン・ワレリー。マタ・ハリは日の出を意味するマレー語のもじりで、命名には東洋学者のエミール・ギメ（248頁）が関わっている。彼女のブロマイドは人気があったが、そのなかには半裸やヌードによるエロティックなものも多かった。

だり便宜をはかることもよくあった。結果的に、彼女自身は無自覚だったかもしれないが、実際にスパイとしての活動はしていたと言える。虚言癖も捜査や裁判では不利に働いた。ただ、処刑されるほど重要な部分を担っていたスパイではなさそうだ。おそらくこの顛末の背景には、戦時下で苦境にあえぐ国民の不満を逸らしたいという裏の思惑もあったのかもしれない。

†エコール・ド・パリ

戦争が終わって、戦場から兵士たちがパリへ戻ってきた。それまで兵器を生産していたシトロエンの工場では、フォード式のライン組み立てによるフランス初の自動車が造られはじめた。一方で食糧生産や流通システムは回復に時間がかかり、しばらくは配給制が続き、物資の品薄状態はインフレを引き起こした。ソヴィエト連邦の成立は世界中の共産主義を勢いづけ、パリでもストライキやデモがたて続けに起こった。しかし生活環境が少しずつ上向き、経済が回復していくにつれて、パリの享楽的な面が目立って活発になっていく。

パリは革命や戦争、デモで何度も傷つきながらも、近代における芸術の中心地の地位を保持し続けた。世界中からパリを目指して芸術家がやってきた。第一次と第二次世界大戦の戦間期に、日本からパリを目指した画家や画学生だけでも五〇〇〇人近くにのぼったと言われる。こうして世界中から集まった若き画家たちは、パリのなかでも比較的家賃が安く、外国人が多く住んでいた地域に入り込んだ。前半はとくにモンマルトル地区に、後半は主にモンパルナスに。それぞれ、パリ市の北部と南部にあたる。彼らはそれぞれの出身国から来ていた人々や、先に活動していた画家たちを頼って、あちらこちらへ移り住みながらゆるやかな集団を形成していた。「エコール・ド・パリ（パリ派）」とは、彼らに対して付けられた名称である。

図7−9　サクレ・クール寺院　約100メートルの標高の丘の上にあり、中央のクーポラの高さは約84メートルある。かかった費用は約4000万フラン。キリストの聖なる御心を意味する名で、ファサード上方にある2体の騎馬像はイッポリーテ・ルフェーヴルによるジャンヌ・ダルクと聖王ルイ。

モンマルトルの丘の上には、サクレ・クール寺院が建っている（図7−9）。一八七五年に普仏戦争で傷ついた国民の癒しとなることを目的として建設が始まり、完成した一九一四年には対ドイツ戦が始まって、さらに大戦直後に献堂されたため、まるでドイツに対する憎しみと復讐の象徴のようにみなされていた。

聖ドニらが処刑された丘でもあり、「殉教者の丘」を意味する名を持つモンマルトルには、一二世紀にベネディクト修道会の女子大修道院が建てられた。中世のフランスでは修道院がワイン製造の主力だったこともあって、修道女たちは敷地内で葡萄を栽培しており、丘にはその一部が今でも残っている（図7-10）。アンリ四世はパリ攻囲戦の際に同修道院に本部を置き、また普仏戦争ではパリ防衛のために丘の上に砲台が据えられ、コミューンの際にも戦場になった。

こうした暗い歴史があるにもかかわらず、今日のモンマルトルは親しみを感じさせる地である。ほぼ中央にあるテルトル広場（図7-11）を囲んで、丘はところどころに階段のあ

図7-10　モンマルトルの葡萄畑　丘にある墓地の近くに残る葡萄畑。修道院でのワイン製造は、この界隈が早くから居酒屋で賑わった一因でもある。

図7-11　テルトル広場　かつてのモンマルトル村の集会広場は、今日のモンマルトル観光の中心となっている。やや勾配のついた正方形の広場は、土産物屋や手頃な価格の居酒屋でにぎわう。

る細い道で結ばれる。広場にはイーゼルがずらりと並び、観光客の似顔絵を描いたり、自作の絵を販売するなどしている。散歩がてらに観回っていたフランス人の老夫婦が、若い画家の絵を買って帰る光景を見たこともあり、このようにしてエコール・ド・パリの頃から芸術家を支えてきた伝統が今もあることを実感した。すでに確立された評価やブランド

図7-12　ピエール＝オーギュスト・ルノワール〈ムーラン・ド・ラ・ギャレットの舞踏会〉1876年、オルセー美術館　第3回印象派展出品作で、画家仲間や友人たちがモデルをつとめている。黒っぽい部分にも黒色は使われていない。ここには、自然界には絶対的な黒はないとする印象派の理論が反映されている。友人の画家ギュスターヴ・カイユボットがルノワールを支援するために購入し、1894年に国に遺贈された。

図7-13　ラデの風車　東西に2基ある風車のうち、東側の「ラデの風車」はもともとパレ・ロワイヤルの西側にあったものだが、1668年に解体され、1717年に現在の場所に移築された。現在、その下でル・ムーラン・ド・ラ・ギャレットという名のレストランが営業している。

に頼らず、投機目的でもなく、自分の眼で観て気にいった絵なら気軽に買って家に飾る習慣の、なんと素敵なことだろう。

ルノワールの代表作のひとつ〈ムーラン・ド・ラ・ギャレットの舞踏会〉（図7‐12）は、丘の西側にあるダンスホールを描いたものだ。名は「ガレットの風車」を意味し、ガレットとは蕎麦粉を使ったフランス北西部の食べ物のことである。昔ここには製粉業者がいて、ガレットを出す食堂も経営していた。当時の製粉用の風車二基が現在もほぼ同じ位置にある（図7‐13）。ルノワールが描いたのは、二基の間の土地で営業していた屋外ダンス場である。当時三五歳のルノワールは、葡萄畑の裏（現在モンマルトル美術館があるあたり）のアパルトマンに住んでいた。

二〇世紀前半のモンマルトルには、三〇基ほどの風車があり、また舞踏場だけで十以上の店があった。風車の名を冠した舞踏場としてやはり有名なのが、地区の西の端にあるムーラン・ルージュ（赤い風車）である（図7‐14）。一八八九年に開業したこのキャバレーは大変な人気を博した。貴族の出で、足に障害を抱えていた画家トゥールーズ＝ロートレックは、当時は社会的地位が低かった踊り子に共感を抱き、ここに通い詰めた。彼が描いた同店のポスターは、当時のダンスホールの喧騒と紳士たちのファッションなどを教えてくれる（図7‐15）。世界的に流行したフレンチ・カンカンのダンスは同店が発祥で、そこからスターになった者も多い。なかでも、もと花売りでムーラン・ルージュのダンサーとなったミスタンゲットは歌手・女優としても大活躍し、一時期は世界で最も稼ぎの多い女性タレントで、脚に保険がかけられたことでも知られている。

今に名を残す大芸術家たちが何人も住んでいたのが、「洗濯船（バトー・ラヴォワール）」と呼ばれる建物である（図7-16）。一八八九年に当時のオーナーが画家の貸しアトリエとして建てたもので、もとは「罠猟師の家」と呼ばれていたが、いつも鳴っているドア鈴がセーヌ河をいく洗濯船の客引きの鈴の音に似ていたために綽名が付いたと伝えられて

図7-14　ムーラン・ルージュ　石膏の加工工場があったためブランシュ（白）と名の付く広場に面して、真っ赤な風車がそびえる。現在の店舗は1951年に改修されたもの。現在もリドなどと並ぶパリのキャバレーの名店で、世界中からショーと食事を楽しみに観光客がやってくる。

図7-15　アンリ・トゥールーズ＝ロートレック〈ムーラン・ルージュ〉ポスター、1891年、個人蔵　ムーラン・ルージュの文字の下にある「ラ・グーリュ（La Goulue）」とは、中央にいる人気の踊り子の名で、脚を高く上げてフレンチ・カンカンを踊っている。手前の紳士はアクロバティックな踊りを得意としたため「骨なしヴァランタン（Valentin le Désossé）」と呼ばれた男性ダンサーで、ふたりはペアでの踊りも披露していた。同ポスターにはいくつかのヴァージョンがある。

いる（諸説ある）。第一次大戦前にはパブロ・ピカソやキース・ファン・ドンゲン、アメデオ・モディリアーニらが住み、マリー・ローランサンやジョルジュ・ブラック、詩人のギヨーム・アポリネールらが通っていた。住んでいた画家はほとんどが外国人で、母国からパリへやって来た画家たちがまず転がり込む場所となっていた。たとえば、スペインから来た画家ジュアン・グリがピカソを頼って洗濯船に来た時、その懐にはわずか一六フランしかなかった。一九七〇年に発生した火災で失われてしまったが（図7-17）、現在も入口は当時の面影を残している。

一方、戦間期に画家たちが住んだのは左岸のモンパルナス地区である。かつてこの地にあった丘では、一七世紀頃に学生たちが集まって詩を朗読し、そこから芸術の神アポロンと詩神ミューズたちが集ったとされるギリシャ神話の「パルナッソス（フランス語でパルナス）の山」と名付けられたとされている。その後、丘は削られて平地になってしまった。都市開発から取り残されていた地域であり、家賃相場が低く、そのためはやくから学生たち向けの下宿などが多くあった。一九一〇年代に入ると、相対的に家賃が高くなってしまったモンマルトルから、ポーランド出身のモイーズ・キスリングら移民芸術家たちの多くがモンパルナスへ移り始めた。

そのなかで、エコール・ド・パリの中心地となったのが「ラ・ルシュ（蜂の巣、ラ・リ

図 7-16　集合アトリエ「洗濯船」の跡　ピカソはここでキュビスムへの転換点となる〈アヴィニョンの娘たち〉を描いた。

左：図 7-17　洗濯船の火災、『L'Aurore』紙、1970年 5 月12日、パリ国立図書館

図 7-18　カフェ・デ・ドゥ・ムーランの内観　モンマルトルにある「カフェ・デ・ドゥ・ムーラン（ふたつの風車のカフェ）」は、映画「アメリ」で主人公が勤めていたカフェ。店内にもデカデカとポスターが貼ってある。表面をカチカチ割るのが楽しいクレーム・ブリュレも映画のまま。モンマルトルには他にも、八百屋など「アメリ」の舞台となった場所がある。

ユーシュとも）」と呼ばれる集合アトリエ兼住宅である（図7-19）。これは一九〇〇年パリ万博のワイン館として、ギュスターヴ・エッフェルが設計した構造をもとにしている。閉幕後に解体された材料を彫刻家アルフレード・ブーシェが買い取り、アトリエを増築して現在の姿となった。モディリアーニが移り住み、マルク・シャガールやシャイム・スーティン、彫刻家コンスタンティン・ブランクーシらがここに入居していた。それぞれ、イタリ

図7-19　ラ・ルシュ（蜂の巣）、外観　3階建ての円形建築物で、かつては100を超えるアトリエに分かれていて、蜂の巣のように見えたことが名の由来。現在も60ほどのアトリエ兼住宅がある。アーティスト・レジデンツのはしりであり、現在はメセナ活動による財団の運営下にある。かつて老朽化により取り壊しの話が出た際、日本の吉井長三（吉井画廊オーナー）が買って日本に移築しようとした。結局パリで修復存続が決まったため、設計図を購入して1981年に建てられたものが山梨県北杜市清春芸術村にある。

図7-20　画家ヒーマット・アリ（Himat M Ali）のアトリエにて、ラ・ルシュ　ラ・ルシュのアトリエに入居している画家ヒーマット・アリに、アトリエ内を見せてもらった。バームクーヘンの1ピースのような形をした内部は複雑な構造。「歴史を感じるけどちょっと狭いね」と彼は言う。彼はイラクの少数民族であるクルド人で、ラ・ルシュはクルドのように迫害を受ける民族の芸術家たちにも活動の場を提供している。

ア、ベラルーシ、ロシア、ルーマニアの出身である。そして詩人や哲学者、評論家たちが入れ替わり立ち替わりここに入りびたり、夜ごと議論をたたかわせるのだった。モンパルナスは芸術の揺籃の地として、世界中から芸術を志す若者を惹きつけ続けた。そのなかにはエコール・ド・パリのアイドルのひとりとなった藤田嗣治もいる。そしてラ・ルシュは今でもなお、芸術家たちに活動の場を与えている（図7-20）。

†占領下のパリ

一九三九年九月一日のドイツのポーランド侵攻をうけて、三日にはフランスがドイツに宣戦を布告。またしてもヨーロッパは全面的な戦争へと突入する。その同じ日に、ルーヴル美術館からはやくも美術品が地方への疎開を始めている（図7-21）。前大戦の記憶はまだあたらしく、都市の悲惨な破壊を目にしての予防的措置である。

ドイツは翌年五月にフランスに侵攻し、パリを目指して進軍する。戦車隊を中心とする電撃戦でドイツ軍はあっという間にパリに近づき、これをみてフランス政府は六月一〇日にパリを放棄してボルドーへと移った。その四日後にはパリにドイツ軍が入り、さらにその二日後の一六日には陸軍元帥アンリ・フィリップ・ペタンが首相に担ぎ上げられて、パリに対独協力政権が誕生した。徹底抗戦を訴えてイギリスに逃れていた陸軍次官シャル

図7-21　ルーヴル美術館から運び出される〈サモトラケのニケ〉、Lynn Nicholas, *The Rape of Europa: The Fate of Europe's Treasures in the Third Reich and the Second World War*, 1995. より
1939年9月3日に撮影されたもの。しかし、すべての美術品が難を逃れられたわけではなく、フランス各地から数多くの作品がドイツへ持ち去られ、鉱山や高射砲塔のなかに隠された。奪還を任務とするモニュメンツ・メンらの努力によって多くが戻ったが、戦火で失われた作品もまた多い。

ル・ド・ゴールは、これをみて二日後にロンドンで自由フランス軍を組織する。こうして組織された亡命政府は、フランス国内の残存勢力と連絡をとりながらレジスタンス活動を続けていく。

一方、ペタン政権は六月二二日に休戦協定を正式に結び、翌月の七月二日に政府をフランス中部のヴィシーへと移した。国土の大半がドイツに占領されるなか、対独協力を続けたヴィシー政権は、今もフランス人にとって忌まわしい記憶となっている。ただ当時、ペタンの大衆人気は非常に高く、ナチス・ドイツにならってフランスでも一〇月三日には悪名高きユダヤ人迫害法がすんなりと成立している。ユダヤ人狩りが始まり、一九四二年七月にはヴェル・ディヴ事件が起きている（図7-22）。ヴェル・ディヴとはヴェロドローム・ディヴェール（冬季自転車競技場）の略称で、パリ各地から一万三〇〇〇人のユダヤ人が連行されて、ここに収容された。そのうち約四〇〇〇人が子どもであり、ほとんど飲まず食わずの状態で五日間ほど詰め込まれ、それからアウシュヴィッツなどの収容所へ送られていった。生きて戻ることができた者はほとんどいなかった。今日、ヴェル・ディヴがあった場所は記念公園となっており、連行された子供たちの写真などが樹々に付けられていて、観る者の心をかきむしる（図7-23）。

一九四四年六月六日、世にいうD-Dayに連合軍がノルマンディーに上陸し、大反攻が始まる。八月二五日、パリ解放。それまで、パリは幾度も（ドイツ軍からではなく）連合軍からの爆撃にさらされていた。ナチスがパリ市内に本部を置いていたからだ（図7-24）。ヴィシー政権はこれに協力して、一九四三年の夏からは労働者をフランス全土で強制的に徴用し、二五万人もドイツに送っていた。自警団的な民兵が組織され、同じフランス人のレジスタンス勢力を逮捕すべく捜しまわった。さらには、六〇〇〇人ほどのフランス兵が対ソ連の東部戦線に加わっている。戦後、対独協力者は厳しく処罰されたが、その洗い出しのために密告が頻発し、親戚や友人知人との間でも疑心暗鬼にならざるを得ない悲惨な

図7-22　ヴェル・ディヴにユダヤ人を連行したバスの列、Alexandre Sumpf, *Paris: ces photos qui racontent l'histoire*, 2015. より　撮影者不詳の写真で、約36時間続いたパリのユダヤ人逮捕とヴェル・ディヴへの連行を撮影した写真はこの１枚しか残っていない。戦後の根気強い調査により、失われた約4000人の子供たちの氏名と住所、年齢はほぼすべて判明している。

図7-23　ヴェル・ディヴの子供たちの記念公園　2017年に整備された記念公園で、旧ヴェル・ディヴの敷地の一部にある。右手に見える石壁には失われた子供たちの名前と年齢がびっしりと彫られている。左側の樹々の枝に付けられているのは子供たちの生前の写真である。

状況が続いた。

パリ解放の翌日には、臨時政府を率いていたシャルル・ド・ゴールを先頭にシャンゼリゼ大通りで凱旋パレードがおこなわれた（図7-25）。パリではすぐに復興の工事と再整備が始まる。その後も、東と西の両面での戦闘が続き、盟友だったはずのイタリアがファシズム政権の崩壊で連合軍側に移ったことから、ドイツの敗色はますます濃くなっていった。一九四五年四月三〇日、アドルフ・ヒトラーが自殺。次いで五月七日には西側連合国に対して無条件降伏文書に調印（ソ連に対してはその二日後）、ヨーロッパでの戦争が終結した。

図7-24　ペニンシュラ・ホテル（旧ナチス・パリ本部）
この建物には、パリ占領時にナチスが本部を置いていた。

図7-25　1944年8月26日の凱旋パレード、パリ、シャルル・ド・ゴール財団　先頭で指揮帽を被っているのがド・ゴール。右後方にエトワール凱旋門の姿がある。

†戦後の拡大

ド・ゴールは保守派の支持を得てやや強権的なかじ取りをしようとして、社会党や共産党など、レジスタンスで中核を担っていた政党と対立する。ド・ゴールが辞任して社会党政権が発足する(第四共和政)が、その後も政治の混乱は続き、国民に絶大な人気を誇るド・ゴールが政権に返り咲いて、執行権限を強化しようとしたこともあった。しかし、結局フランス国民は、その後も一人に権力を集中させせないよう、なんとか微妙なバランスをとってきたようだ。これまでフランスで長い間繰り返されてきた、君主政の登場による共和政の終焉を、もう繰り返さないという教訓が調整弁として働いているのではなかろうか。

戦後のフランスは高度経済成長期に入り、一九七〇年代半ばまで「栄光の三十年」と呼ばれる好景気を体験する。これはアメリカが打ち出した経済支援政策「マーシャル・プラン」によるところが大きく、その裏には冷戦状態にあったソ連に対抗しうるだけの西側諸国連合を形成したいとのアメリカの狙いがあった。好景気に支えられて、パリの街中はルノーやプジョーの車であふれ、石油会社トタルが生活を支え、シャルル・ド・ゴール空港とニューヨークとの間を超音速旅客機コンコルドが飛ぶ。国民所得も倍増し、皆がアクサの保険に加入する——。

パリの人口は一九五〇年に三〇〇万近くまで達していたが、ドーナツ化現象によって中心部は人口減少が始まる。一〜三区では減少し、周縁区では増加する状態が続き、今に至るまで大環状の内側の人口はさほど変わっていない。一方でパリ市郊外ではベッドタウン化や衛星都市化が進み、近郊地域のイル＝ド＝フランスを含む大パリ圏になると、二〇〇〇年代には一二〇〇万を超える。これはEU最大の都市圏である。

都市の風景を変えていくのは都市計画であり、建築である。本書でも、橋や道路、広場や教会といったモチーフがパリの外観を形成していたところへ、アンリ四世やナポレオンら君主たちによる宮殿や城、オスマン時代の大改造と駅、万博を契機とした地下鉄構想といった大規模な計画が加わってきた。

図7-26　モンパルナス・タワー（トゥール・モンパルナス）　モンパルナス駅跡地に建てられた59階建てのオフィス・ビル。2011年にラ・デファンスのトゥール・ファーストに抜かれるまで、フランスで最も高いビルだった。

すでに見たように、エッフェル塔であれルーヴル美術館のガラスのピラミッドであれ、周囲と大幅に時代様式を異にする建築は極端な批判にさらされる。一九七二年に完成した高さ二一〇メートルものモンパルナス・タワー（図7-26）など、「タワーの最上階から眺めるパリが最も美しい。タワー自身を見なくてすむからだ」という冗句で有名だ。それでも、そうした違和感は時間の経過とともに解消され、やがて都市景観を構成する重要なパーツになっていく。

近代建築の生みの親のひとりであるル・コルビュジエ（シャルル＝エドゥアール・ジャンヌレ）は、はやくも戦間期においてパリでそのアイディアを披露していた。三〇歳でパリに出た彼は、三五歳で建築事務所を設立する。その直後の、まだ無名な彼が手掛けた作品のひとつに、ラ・ロッシュ邸（図7-27）がある。四角い板を縦に並べて間を柱と階段でつ

図7-27　ル・コルビュジエ、ラ・ロッシュ邸、1923-25年　同邸ギャラリー部分。四角を基本としつつも、曲線と曲面で構成された上下・左右への運動性と空間の連続性が与えられている。スイス人銀行家ラウル・ラ・ロッシュは、まだあまり仕事のなかった同郷のル・コルビュジエに自邸をオーダーした。

図7-28　ル・コルビュジエ、ナンジェセール・エ・コリ通りのアパルトマン、1931-34年　同宅浴室部分。アパルトマンの最上階と屋上がル・コルビュジエの設計によるもので、ル・コルビュジエ自身と妻が住んでいた。そのためか、非常に遊び心に富んだデザインで、時に斬新すぎて、使い勝手はどうだったのだろうと思うような部分も。なお、通りの名は、リンドバーグより前に大西洋横断飛行に挑戦して命を落とした２人の飛行機乗りから。

なぐ、あるいは真っ白な壁に囲まれた立方体空間というル・コルビュジエ建築の一般的イメージから外れ、後のロンシャン礼拝堂を彷彿とさせるような、曲面や曲線と豊かな色彩を大胆に用いた連続性のある空間が面白い（図7-28）。

ラ・デファンス地区は、新しいパリの象徴である（図7-29）。デファンス（防衛）の名は、もともとこの地区にあった普仏戦争時のパリ防衛記念碑に由来する。あらたなビジネス街と居住地区を供給するべく、はやくも一九五九年には建設が始まっており、今もどこかしら建設や改修が続けられている。八〇〇ヘクタールの瓢箪型の区域に、四〇〇〇以上もの

図7-29　ラ・デファンス地区

図7-30　ラ・デファンスの新凱旋門（グランダルシュ）　フランス革命開始から200周年となる1989年に完成。シンプルな形状をしているためあまり大きさを感じにくいが、高さ110メートル、奥行きも112メートルもある巨大さで、下の空間にはノートルダム大聖堂がすっぽり入ってしまう。

企業がオフィスを構えている。ルーヴル美術館から凱旋門を通って、ラ・デファンス地区のシンボルである新凱旋門（図7-30）まで、昔と今の時代をつなぐ軸が一直線に整然とのびている。古いものを活かしながらも、批判を恐れることなく、大胆にあらたな姿を創り出し続けるパリならではの光景である。

colonne
パリの美術館
7

ポンピドゥー・センター

ニューヨーク近代美術館（MoMA）と並ぶ現代アートの殿堂であるパリ国立近代美術館は、ポンピドゥー・センターのなかにある。施設名になっているジョルジュ・ポンピドゥーは一九六九年から五年間ほど大統領をつとめた人物で、レジスタンスあがりでド・ゴールの側近だった。「現代美術」がカヴァーする領域は時間経過とともに後ろにずれていくのが当然で、フランスではすでに一九世紀初頭から「生存中および死後

ポンピドゥー・センター、外観　対角線上にのびているのはエスカレーター・チューブ

ル・コルビュジエとピエール・ジャンヌレ〈無限に成長する美術館計画〉写真、1939年、パリ国立近代美術館（ポンピドゥー・センター内） Musée à croissance illimitée と名付けられたこの設計案は、螺旋状に続く回廊を特徴とする。この構造によって、展示用壁面は十分な長さを確保でき、来館者は何度も角を曲がることで無限に続くような連続性を感じるだろう。ピエール・ジャンヌレはル・コルビュジエの従兄弟で仕事上のパートナーをつとめた。

建設途中のポンピドゥー・センター写真、1975年、パリ国立近代美術館（ポンピドゥー・センター内） 左奥に建設途中のポンピドゥー・センター、手前がボーブールの丘にあった老朽化した建物群の一部。丘から旧中央市場があった一帯の区画整理も同時におこなわれた。

一〇年未満の作家」の作品を現代美術とし、当初はリュクサンブール宮殿内に置かれていた同時代の作品のうち、定義から外れた作家の作品をルーヴルへと移すなどの処置がとられていた。しかし毎年作品は増えていく一方で、あらたな展示スペースの必要性が生じていた。

そのため作家で文化大臣のアンドレ・マルローが新美術館の設立構想を打ち出し、設計をル・コルビュジエに依頼した。ル・コルビュジエは四角い渦巻き状建築物を立案していたが（前頁上図）、しかし一九六五年の建築家の死をもって計画自体も頓挫した。

パリ国立近代美術館（ポンピドゥー・センター内）、内観　遮蔽物がほとんどないフロアは、展示品のサイズや形状にあわせた展示替えに向いている。現代アートは空間そのものを作品の一部とするものも多い。

現在、センターがある場所はかつてボーブールの丘とよばれ、老朽化した家屋が並んでややスラム化しており、一九六〇年代から区画整理の対象となっていた（二一〇頁下図）。この場所へ、やはりスペースの問題をかかえていた国立図書館の新館計画が持ち上がった。さらに、芸術愛好家でもあるポンピドゥーが、美術と、次いで音楽も含む総合文化施設へと拡充させた計画を発表する。

　国際コンペが開かれ、建築は関西国際空港ターミナルビルの設計者でもあるレンツォ・ピアノを中心とするチームの案が選ばれた（他にロンドンのミレニアム・ドームなどで知ら

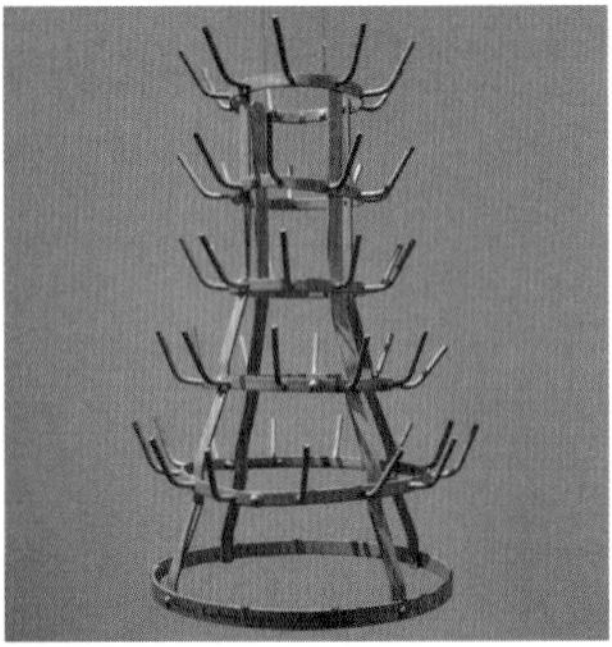

マルセル・デュシャン〈ボトルラック〉1914/1964年、パリ国立近代美術館（ポンピドゥー・センター内） パリ国立近代美術館はまさに現代アートの教科書。セザンヌ以降、アートはさまざまな系統に分かれて発展していったが、その分岐の起点となったほぼすべての作品を観ることができる。これは既製品《レディ・メイド》のワインボトルラックを買って来て自作品としたもので、1917年の有名な〈泉〉（便器）に先行するダダイズム最初期の作例である。

ドナルド・ジャッド〈スタック（積み重ね）〉1972年、パリ国立近代美術館（ポンピドゥー・センター内） ミニマル・アートの先駆者であるアメリカ人アーティスト、ジャッドの代表作例。本人はミニマリズムの代表者とされることを否定してはいたが、細部の装飾的要素を排除し、簡素な立方体のみによる構成は多大な影響を与えた。写真で観る時と実物を前にした時とで、サイズ感に大きな違いがある作品のひとつ。

れるリチャード・ロジャースとジャンフランコ・フランキーニ)。

一九七七年に完成したセンターは、地下三階・地上七階の巨大な建物となり、国立近代美術館のほかに図書館やホール、映画館などが入っている。

ガラスと鉄骨でできた建物は、エスカレーターや配管などを外側に出すことで広大な空間を確保することに成功したが、そのあまりな斬新さは例によって非常に激しい反発をひきおこした。しかし今となっては建物自体が一九七〇年代アートの貴重な代表作例となっている。いつ眺めても、このプロジェクトが今から半

ヤーコブ・アガム〈エリゼ宮のポンピドゥー大統領私室前室の空間デザイン〉1974年、パリ国立近代美術館(ポンピドゥー・センター内) ユダヤ人アーティストでキネティック・アートの先駆者のひとりアガムの作品。ポンピドゥー大統領に依頼されて1972年に着手し、74年に完成した空間デザイン。2000年にポンピドゥー・センターに移設された。

世紀以上前に実現したことに驚きを禁じ得ない。

パリ国立近代美術館（ポンピドゥー・センター内）、テラス　館内には開放的なテラスがいくつも設けられている。近代美術館はポンピドゥー・センターの上層階に入っているため、テラスからの眺めは素晴らしい。写真は5階南側テラスからの眺めで、画面左にサン・ジャックの塔の先端が見える。そのすぐ手前はサン・メリー教区教会の屋根。来場者は置かれたクッションに身を沈め自由にのんびりできる。

第八章　パリの諸相

ここまで、古代から現代までのパリの歴史と芸術をザッと追いかけてきたが、パリが持つ重層性をさらに深く味わうために欠かせない要素をいくつか見ていこう。

†死者が眠る

墓地は衛生上の理由などにより、古くから街はずれに設けられた。メロヴィング朝時代のパリは湿地帯だった右岸がまだ発達しておらず、現在レ・アールのフォールム（図8-1）のあるあたりが街の境界のすぐ外であり、小さな墓地が設けられた。カペー朝の時代にはサン・イノサン教会が建てられて墓地はその一部となった。イノサンとは「罪なき者」の意味で、新約聖書でヘロデ王の命によって殺害された嬰児たちを指す。フィリップ・オーギュストの時代に墓地は拡張され、その周囲を塀でかこまれた。それ以来、教区の死者だけでなく、一三四八年の最初の流行以来、幾度も猛威をふるったペストの犠牲者や、戦争や革命

図8－1　フォールム・デ・アール　イノサンの墓地だったところが市場に変わり、さらに1969年の市場の移転にともなって、あたり一帯が大規模な区画整理の対象となった（ポンピドゥー・センターもその一部である）。フォールムは巨大なショッピングモールとなり、2016年には映画館なども併設された。

図8－3　イノサンの泉
1549年、アンリ２世のパリ入城を記念して制作されたもので、その後サン・イノサン墓地の壁の一部に取り込まれた。墓地の撤去と同時に取り壊されようとしていたところを、彫刻の傑作として救済の嘆願がなされて生き残った。その後、何度か場所を変えて19世紀半ばから現在地に。台座にあったレリーフなどはルーヴル美術館で保存されている。

図8－2　作者不詳〈1780年のサン・イノサン墓地〉19世紀の制作か、Sylvie Robin, Jean-Pierre Gély, Marc Viré, *The Catacombs of Paris: An underground world*, 2019. より　シャルル＝ルイ・ベルニエによるデッサン（カルナヴァレ美術館）に基づいて制作された版画で、教会と墓地が撤去される直前の1780年時の光景を描いたもの。画面右隅にある山のようなものは、うずたかく積み上げられた頭蓋骨。

での死者、はてはセーヌ河での溺死者の遺体までがここに運ばれて埋葬された。累計では二〇〇万体以上とされる。もはや埋める隙間も棺を並べるスペースもなくなり、ただ骸骨だけが積み上げられていった(図8-2)。

　こうした状況により、墓地は一七八〇年に閉鎖され、その五年後には遺骨を墓地から移送することが決定された。地上に積み上げられた遺骨、および地下に埋められていた遺骨を取り出しては運び出す作業が一七八六年まで続けられ、完了後に境界壁と墓地は取り壊された。跡地には青果市場が造られた。現在、その名残を示すものは「イノサンの泉」と

図8-4　カタコンブ・ド・パリ内部　ローマの骸骨寺を思わせる、秩序正しくデザインされた遺骨の配列。

図8-5　かつてモンフォーコンの絞首台があった丘　現在は何の変哲もない広場で、まわりの住宅街の住人の憩いの場となっている。

図8-6　ジャン・フーケ〈アマルリクス派の処刑〉、『フランス年代記』より、1455-60年頃、パリ国立図書館　名高い装飾写本のフーケによる模本。ベナのアマルリクスは12世紀後半の神学者で異端とされた。彼が1207年に亡くなった後も、彼の弟子や信徒たちは異端の罪を問われた。描かれているのは1210年の処刑で、画面右上に巨大なモンフォーコンの絞首台の姿がある。これほど大型化したのは14世紀のことであり、この処刑がおこなわれた時点の木製でもっと小さな絞首台をフーケは知らずに描いている。

呼ばれる噴水だけである（図8-3）。

運び出された遺骨は、地下採石場の跡地に移された。これが現在のカタコンブ・ド・パリである（図8-4）。一七八六年にサン・イノサン墓地からの遺骨を収容し終わった後も、続くフランス革命やその後の戦争で出た夥しい数の遺骨が持ち込まれた。入り組んだ内部は整理され、約六〇〇万体と推定される遺骨も整然と並べられて、一八〇六年にはおおよそ今の姿になった。

処刑場も墓地と同様に街の端に設けられた。ただ、見せしめとして抑止効果を持たせるためには人の目に触れる場所でなければならず、そのため市門を出てすぐのあたりが理想的だった。ルイ九世の時代に設置された「モンフォーコンの絞首台」は、現在のファビアン大佐広場の西にある丘の上にあった（図8-5）。一三二五年には木製から石組みに変えて大型化し、高さ一〇メートル超の石柱が一六本建てられた（図8-6）。それ以来、最も名の知られた処刑場として多くの命を奪ってきたが、ギロチンの登場によりその使命を終え、一七九二年に姿を消した。

死者が眠る場所としてパリで最も大きいのは、市内の東部にあるペール・ラシェーズ墓地である（図8-7）。もとはイエズス会が一七世紀に購入して保養地としていた場所だが、イエズス会が解散させられたのをうけてパリ市が購入し、墓地とした。なかはひとつの街区と呼べるほど大きく、幾筋もの道で仕切られた区画が整然とならんでいる。車が通らな

図8-7　ペール・ラシェーズ墓地　以前は入口で地図の配布や販売があったが、現在は案内板のQRから地図をダウンロードする方式に。ただその地図には載っていない歴史的人物がかなりいるので、より詳しく見て回りたい人は、墓地のHPに500人分のリストがあるのでそちらがお薦め。

図8-8　パリ・コミューン派の壁（Mur des Fédérés）、ペール・ラシェーズ墓地　墓地の南東隅の壁。社会党・共産党系の支持者だろうか、今もかなりの参拝者が訪れる。

図8-10　マルセル・プルーストの墓、ペール・ラシェーズ墓地　『失われた時を求めて』の著者だけあって、文学ファンが捧げる花が絶えない。オスマン通りには彼が住んでいた立派なアパルトマンもあって、現在は銀行の支店になっている。

図8-9　フレデリック・ショパンの墓、ペール・ラシェーズ墓地　フランスの彫刻家オーギュスト・クレサンジェによる1850年の作品。クレサンジェはショパンの友人でもあり、ジョルジュ・サンドの娘と結婚している（この四者の関係は複雑で、不明なことも多い）。

図8-12　アベラールとエロイーズの墓、ペール・ラシェーズ墓地　ピエール・アベラール（アベラルドゥス）とエロイーズの墓。前者はスコラ学の創始者となり、後者は作家で女子修道院長となった。エロイーズの望みで死後は同じ墓に入り、19世紀にペール・ラシェーズ墓地に移葬された。

図8-11　オスマンの墓、ペール・ラシェーズ墓地　大改造の指揮をとったジョルジュ・オスマンの家族墓。

いためとても静かで、起伏に富んだ森があったり、緑豊かな広場のベンチでランチをとる夫婦がいたりする。

一八七一年五月、敗色濃厚となったパリ・コミューンの支持者たちがここに立てこもった。しかし、ヴェルサイユ政府軍の攻勢になすすべもなく、五月二八日、墓地の外周の壁の前で、一四七人が横一列に並べられて銃殺された。今日、その壁には記念のプレートが嵌められている（図8-8）。

ショパンやプルーストら多くの著名人の墓が点在するなか（図8-9、8-10、8-11）、アベラールとエロイーズの墓（図8-12）はひときわ立派で、後述するサン＝ドニ大聖堂にある

図8-13　納骨堂、ペール・ラシェーズ墓地　広大な敷地に墓石がはてしなく続くペール・ラシェーズ墓地だが、最も多くの人が埋葬されている区画がこの納骨堂。周囲の回廊は壁面にずらりと納骨棚（壁がん）が並んでいる。

図8-14　マリア・カラスの墓、ペール・ラシェーズ墓地　納骨堂の地下にはそれこそ多くの棚が並んでおり、その一角にマリア・カラスの棚がある。今も花が絶えないが、ただ本人の生前の希望に従って、1979年にエーゲ海で散骨されている。

王たちの墓碑のようだ。揃って一二世紀前半を代表する学者となる二人は、若い頃に家庭教師と教え子の関係から恋へと発展するものの、未婚のまま妊娠、出産したエロイーズは修道院へ。エロイーズの親族によってアベラールは去勢させられる。以降は二人とも聖職につき、聖職者として精神的な愛を交わしながら、時に葛藤に苦しむ様を吐露する往復書簡が残っている。

†その他の教会

ノートルダム大聖堂をはじめ本書で扱ってきた古い教会のほかに、パリの長い歴史のなかでは比較的新しい時代に建てられた興味深い教会を三つほど見ておこう。

まずはマコンの聖ユースタスに捧げられたサントゥスタッシュ教会である(図8-15)。聖ユースタス(エウスタス)は、処刑装置の一種「ファラリスの雄牛」で焚刑にされた聖エウスタキウスとよく混同されるが別人である。教会の歴史自体はとても古く、一二一四年にはすでにこの地に聖アグネスに献堂された小さな礼拝堂があった。その後、教区の拡大とともに手狭になっては増築を繰り返した。一五三二年にはあらたな教会への建て替え工事が始まり、約一世紀後にほぼファサード部分を残して今の姿になった(図8-15、8-16)。奥行一〇〇メートルもある内部は、ゴシック様式を基調としている。続いて、ファサードはヴェルサイユ宮殿の建築家ルイ・ル・ヴォーによって設計されたが、ようやく工事が始まったのは一七五四年のことで、それもフランス革命が始まったことで南塔が未着手のままとなった。

サン・ロック教会は聖ロクスに捧げられている（図8-18、8-19、8-20）。このイタリアの聖人はペスト流行時に患者の治療にあたり、罹患したため自ら山へ向かい隠遁生活に入ろ

図8-15　サントゥスタッシュ教会、外観　フォールム・デ・アールのすぐ隣にある巨大な教会。画面右下に写っている丸いものは、現代彫刻家アンリ・ド・ミラーによる〈聞く（L'Ecoute)〉。1986年の作品で、片耳に手をあてた巨大な頭のオブジェ。

図8-16　サントゥスタッシュ教会、内部　ノートルダム大聖堂が火災からの修復工事で使えない間、重要なミサはここでおこなわれた。

図8-17　キース・ヘリング〈キリストの生涯〉1990年、サントゥスタッシュ教会　ヘリングの最後の作品となった三翼祭壇画は、スピリット財団（ジョン・レノンとオノ・ヨーコによる設立）によって寄贈された。同作品は広島市現代美術館など世界に全部で９点ある。

うとしたところ、神が見届けて犬にパンを運ばせたとの逸話を持つ。そのためペストに対抗する聖人として人気があり、ペストで苦しんだことのある都市にはたいてい彼に献堂された教会がある。太陽王の治世下の一六五三年に、王自らが礎石を置いたと伝えられる。一七一九年にほぼできあがり、一七三六年にファサードができて完成した。内部は曲面を多用したバロック様式で、なかでもファサードは典型的なイエズス会バロック様式ででき

図8-18　サン・ロック教会、ファサード　ローマにあるイエズス会教会であるイル・ジェズやサンティニャーツィオ教会のファサードによく似ている。

図8-19　サン・ロック教会、交差部天井

図8-20　サン・ロック教会、内陣部分天井画　聖母マリアに捧げられた礼拝堂で、建築はジュール・マンサール、天井画はジャン＝バティスト・ピエールによる〈聖母マリアの勝利〉である。楕円形の多用はバロック建築の特徴のひとつ。

ている。

　三カ所目は六世紀のブールジュの聖スルピスに捧げられたサン・シュルピス教会で、最初は一一八〇年頃にサン＝ジェルマン＝デ＝プレ大修道院が持つ領地の教区教会として建てられた（図8-21）。それが老朽化し手狭になってきたため、一六四六年にあらたな教

図8-21　サン・シュルピス教会、ファサード　よく見ないと分かりにくいが、向かって左の塔に比べて、完成間近で放置された右の塔には装飾がなく、高さもやや低い。

図8-22　サン・シュルピス教会、身廊部　半円アーチを基調とする、ややロマネスク的な様式。武骨な石組みをそのまま見せていることで、かえって勇壮な印象を与える。

図8-23　ウジェーヌ・ドラクロワ〈天使と闘うヤコブ〉1856年、サン・シュルピス教会　同教会にあるドラクロワの祭壇画のひとつ。主題はヤコブがイスラエルの始祖として選ばれる旧約聖書の逸話である。

図8-24　子午線、サン・シュルピス教会　映画「ダ・ヴィンチ・コード」でローズ・ラインとして登場した子午線。1743年から翌年にかけて設置されたもので、冬至には窓からの光がオベリスク型の目盛りに当たる。

会の工事が始まった。礎石を置いたのはルイ一三世の王妃アンヌ・ドートリッシュである。ノートルダム大聖堂に匹敵する教会を、との構想のもとに工事が進められ、実際に全長では一二〇メートルと一二八メートルのノートルダム大聖堂には足らないものの、全幅ではノートルダムのそれが四八メートルのところ、サン・シュルピスは五七メートルのサイズを誇る（図8-22）。一七三二年に始められたファサードの工事は、落雷や火災などによる中断を挟みながら進められたが、サントゥスタッシュ教会同様、革命の勃発により、ふたつ目の塔の工事が途中で中止された。教会内に子午線がひかれていることでも知られている（図8-24）。

†テンプル騎士団とフリーメイソン

テンプル騎士団は、十字軍によって占領した聖地エルサレムと他の拠点、そしてキリスト教圏からやって来る巡礼者の保護を任務として一二世紀に創設された騎士団である。テンプル（神殿）の名を冠しているのは、エルサレム王からソロモン神殿跡を与えられたことによる。彼らはヨーロッパ各国から参加した騎士たちであり、パリにも本部を置いた。さらに教皇から十分の一税などを免除されていたため、余剰金を用いてヨーロッパ各地の農園を購入するなどの投資をおこなった。一三世紀には騎士団が持つ所領は九千カ所にの

図8-25　フェドール・ホッフバウアー〈1450年頃のタンプル〉19世紀後半、カルナヴァレ美術館　復元構成スケッチだが、高い壁に囲まれた敷地内の中央に教区教会があり、その右に邸館、奥にそびえるタンプル塔があり、手前には葡萄畑もあるなどよく考証された図である。往年の堅牢さが伝わってくる。

図8-26　タンプル公園　周囲を建物に囲まれた小さめの公園だが、オフィスも住居も多い地域のため、昼は常にごった返す。

ぼり、パリもマレ地区など約四分の一が騎士団の管轄下にあった。彼らは一帯を壁で囲い、主塔を建ててなかば要塞化して、数千人がなかで暮らした（図8-25）。

治外法権組織である修道騎士団を王もコントロールできず、騎士団が自らを凌ぎかねない勢力を持つようになったため、危機感を抱いた王は騎士団を潰しにかかる。結局は失敗に終わった十字軍遠征の責任を負わせるスケープゴートの意味もあり、また資金をため込んでいると思われた騎士団への諸侯や貴族の妬みも積み重なっていた。一三〇七年一〇月、騎士団の廃絶が布告され、フランス全土で一四〇名の騎士が拘束された。異端の罪で団長ジャック・ド・モレーは現在アンリ四世騎馬像が建つ場所（図3-3）で火刑に処された。囲い地は撤廃され、主塔は牢獄に用途を変えた。処刑を待つルイ一六世が最期の日々を過ごしたのもタンプル塔である。その後は主塔も取り壊され、かつての囲い地の一部がタンプル（テンプルのフランス語読み）公園となっている（図8-26）。

排外的でホモソーシャルな組織だった修道騎士団は、必然的に秘密結社的な性格を持つ。その点で、純粋なる秘密結社だったフリーメイソンリーとは共通点が多い。組織への盲目的な忠誠と、やや選民思想的な特権意識。入会前の人としてはいったん死んで、会員フリーメイソンとしてあらたな生をうけるプロセスを意味する入会儀式など、その最たるものだ。

よく知られているように、フリーメイソンにはモーツァルトやニュートンら多くの文化人や知識人がいた。アメリカ合衆国の建国時に中心となった人々には特に多く、その

図8-27　フリーメイソン博物館、入口

図8-28　儀式の再現構成、フリーメイソン博物館

ため一ドル札にはその影響を明らかに示す「プロビデンスの眼」が描かれている。フランス革命はアメリカ独立運動の波を直接的に受けて始まったこともあり、パリは近代におけるフリーメイソンリーの中心地だった。九区には、その歴史を今に伝えるフリーメイソン博物館がある（図8-27）。会則やさまざまなシンボルが描かれた皿や布、書物などが展示されており、儀式の構成を再現している展示室もある（図8-28）。

図8-29　錬金術師ニコラ・フラメルの家　パリにある現存最古の「普通の家」。入口上の壁にフラメルの住居だったことを示すプレートがある。なおフラメルの実在自体に疑問符をつける研究もある。家はモンモランシー通りにあり、現在は錬金術師の名を冠したお洒落なレストランになっている。

起源は無関係なものの、近世以来、フリーメイソンリーと分かちがたく結びついたのが錬金術である。フランスで最も有名な錬金術師は一四世紀後半に活躍したニコラ・フラメルだが、パリには今も彼が住んでいた家が残っている（図8-29）。一四〇七年に建てられた記録が残るこの建物は、パリにある現存最古の住宅でもある。

彼は出版業を営んでいたが、ある時ユダヤ的寓意に満ちた一冊の錬金術書を手に入れ、その秘密を解き明かすために巡礼の旅に出る。旅先でカバラ主義（ユダヤ教の神秘主義）を奉ずる者に教えを乞い、書物の秘密を伝えられる。彼はそれから何年も実験を繰り返し、そしてついに金と銀の変成に成功したとされる。

賢者の石を手にしたとされる数少ない人物の仲間入りを果たしたフラメルは高い人気を誇り、それだけ妖しげな逸話も増えていった。とりわけ不老不死の術に成功したとの奇跡譚は、その後も数世紀にわたって根強く伝えられた。フラメルは一四一七年に世を去り、妻ペルネルはそれ以前の一三九七年に亡くなっていたとされるが、ふたり揃ってパリのオペラ座で観劇しているところを、「一七六一年」に目撃したとの証言などがある。

†パサージュとカフェ

（……）文明のこの物体化的な表象《ショジスト》によって、われわれが前世紀から受け継いだ新しい生活の諸形態や経済的技術的基盤に立つ新しい創造が（……）ファンタスマゴリーとして顕在化するのである。鉄骨建築の最初の活用である「パサージュ」はそのようにあらわれる（……）――ヴァルター・ベンヤミン、『パリ――一九世紀の首都（フランス語草稿）』、『パサージュ論』第一巻に所収（今村仁司、三島憲一ほか訳）

ベンヤミンが指摘して以来、パサージュこそが近代におけるパリの「パリ性」を創り上げる重要な要素として認識されている。パサージュは、本来はパサージュ・クーヴェール（覆われた通路）で、つまりは屋根つきのアーケード街のことである。それはガス燈と鉄骨建築、ガラスといった近代の産物によって構成され、商業の発達により庶民が街中で消費かつ遊歩できる層となったことで登場した。鹿島茂は、透光素材の屋根で覆われた歩行者用通り抜けをパサージュと定義している。一般に最初のパサージュは一七九六年にできたとされるが、この定義にかなうものは一七九一年にすでにパリに登場している。一八〇〇年に開業したパサージュ・デ・パノラマ（図8-30）は現存最古のもののひとつだが、開業当時の屋根は鉄骨ではなく木材が使われていた。狭い道に手頃な価格帯のカフェなどが並び、人の流れが絶えないが、周辺一帯が金融街になってしまう前はもっと賑やかで、男女が恋の駆け引きをするような場所だったという。

第二帝政期に入ると夥しい数のパサージュが誕生した。そのうちのいくつかは現存していて、一八二五年開業のギャルリー・ヴィヴィエンヌ（図8-31）、その翌年に開業したギャルリー・ヴェロ＝ドダ（図8-32）はその例である。前者は高さの異なる道を階段で繋ぎ、途中にロトンド（円形ホール）を設けるなど、それまでの単純な一本道とは異なる構造をむしろ利点にしている。後者は一転して秩序正しく、高級感あふれる造り。パサージュ・

ジュフロワ（図8-33）は七月王政期にできたもののひとつで、一八四七年の開業。ジュフロワの名は、開業時の出資者のひとりから採られているが、その人が、アメリカのロバート・フルトンとほぼ同時期に蒸気船を発明しながらも特許競争で敗れた人の子だというのが面白い。内部は広くスッキリとした構造で、今も多くの人が散策に訪れる。グレヴァン蠟

図8-30　パサージュ・デ・パノラマ　かつては最も人気のあるパサージュだった。

図8-32　ギャルリー・ヴェロ＝ドダ　かつての老舗はほとんど残っておらず、人通りもやや少なめ。

図8-31　ギャルリー・ヴィヴィエンヌ　ロトンド部分。伝統ある書店やブティックが並ぶ。

人形館（図8-34）が隣接していることから、観光地としても人気が高い。

　もちろんパサージュ・クーヴェールが登場する以前からの（屋根なしの）パサージュもあって、クール・デュ・コメルス・サンタンドレなどは一七三〇年代までその起源を遡ることができる（図8-35）。クールは本来は中庭のことだが、石畳が敷かれた小路の意味にも転じた。狭い小路の両側には伝統ある店も並んでいるが、なかでもカフ

図8-34　グレヴァン蠟人形館
ロンドンのマダム・タッソー蠟人形館をお手本に、1882年に開業した。風刺画家で最初に監督をつとめたアルフレード・グレヴァンの名から。パサージュ・ジュフロワの南入口に隣接し、パサージュ内にも別の入口とブティックがある。

図8-33　パサージュ・ジュフロワ　「パサージュという言葉から連想されるものに最もふさわしい」と鹿島茂も高く評価するパサージュ。昔日の面影といまだ現役の賑わいを保っているからで、これは店子が連帯して業種を限定するといった努力のたまもの。

エ・プロコープはパリ最古のカフェとして知られている（図8-36）。

　コーヒーははじめ一六四三年にフランスに持ち込まれたが、認知度が一気に高まったのは、一六六九年にヴェルサイユ宮殿でルイ一四世に謁見したトルコの大使が「カワ」という名の黒く苦い飲み物をふるまってからのことだ。そしてシチリア島からパリにやってきたフランチェスコ・プロコピオ・ディ・コルテッリなる行商人が、しばらくアルメニア人のカワ売りを手伝った後、一六七五年に自分の店を開いた。そして一六八六年、現在の場

図8-35　クール・デュ・コメルス・サンタンドレ　道幅の狭い石畳の両側に、かわいらしい店が並ぶ。

図8-36　カフェ・プロコープの店内　アンシャン・コメディー通りとクールに挟まれた店内はかなり広く、地元の人と観光客でいつも賑わう。

図8-37　ナポレオンの帽子、カフェ・プロコープ　階段で上階へ上がったところに飾られている。中尉だった頃の軍帽で、店にたまったツケの代わりに置いていったとのこと。

所で「ル・プロコープ」を開業。フランス風にフランソワ・プロコープと名乗ったフランチェスコは、パリ最古のカフェを開き、またフランスで最初にジェラートを販売した人物となった。店の常連には百科全書派の思想家ドゥニ・ディドローやジャン・ル・ロン・ダランベール、ヴォルテールら多くの知識人たちがいて、ナポレオンもここにしばしば通っていた（図8-37）。

†シャネルとモード

シャネルは、いまだかつてパリに前例がなかったような女性像を創りだした。その影響力はデザイナーという仕事の領域をはるかに超えていた。（……）全パリが彼女に従うかのようだった。——モーリス・サックス、『La Décade de l'illusion（幻惑の一〇年）』（山田登世子訳）

これは、ユダヤ人作家モーリス・サックスがシャネルについて書いたものだ。彼は八区にあるバー「屋根の上の牡牛」の常連で、そこでは詩人ジャン・コクトーを中心に一種の文化人サークルができていた。シャネルもそこに通うひとりだった。

ガブリエル・シャネル、通称ココ・シャネルは一八八三年フランスの地方の生まれ。仕立て屋で働きながらカフェで歌手もこなし、恋仲となったイギリス人実業家の資金提供をうけて、二七歳の時にパリで帽子店を開いた。そして他の街にもブティックを開いて優れ

図8-38　シャネル本店　カンボン通り31番。ココ・シャネルが35歳で購入し、ブティックを開いた場所。3階（日本の4階）をデザイン・アトリエとして使っていた。

図8-39　カフェ・アンジェリーナ　ルーヴル美術館からも近い大型のカフェ。右側の大きな鏡の前の席（青い服の男性が座っているところ）が、いつもココ・シャネルが座る場所だった。

た経営手腕を発揮しつつ、第一次大戦が終わる一九一八年、三五歳で現在もシャネル本店であるブティックをパリにオープンする（図8-38）。Cを組み合わせたモノグラムを用い始めたのはその三年後で、同年に発表した香水「No.5」は、「寝る時に身に付けるのはそれだけ」とマリリン・モンローがコメントするなど、世界的なヒットとなった。

第二次大戦が終わると、それまで恋仲だったドイツ将校との関係が取り沙汰され、対独協力者として逮捕される。上流階級に多くの顧客を抱えていた彼女は社交界に顔がきき、イギリス首相チャーチルとも知己の間柄だった。敗戦濃厚となったナチス・ドイツのなかには連合国との和平交渉を模索する勢力もいて、そのため英独の間をシャネルがとりもっていたと考える者もいる。結局スパイ容疑までかけられることはなく、すぐに釈放されたものの、その後はスイスなどパリ以外で過ごす時間も長かった。

パリには彼女が住んだ家や通ったカフェ（図8-39）など、ココ・シャネルにまつわる場所が多くある。最期は戦時中から住んでいたヴァンドーム広場に面するホテル・リッツの一室で亡くなった。八七歳だった。

ココ・シャネルが服飾史に果たした貢献は大きく、とくにシックながらもシンプルで動きやすい彼女の服は、二〇世紀に入ってようやく社会的地位向上の悲願を叶えつつあった女性の意識とライフスタイルに合致した。こうして、引用したサックスが言うところの

「前例がなかったような女性像」が出現したのだ。

パリには装飾芸術に特化した優れた美術館がふたつあって、そのひとつがルーヴル宮殿の一角を占める装飾芸術美術館である。こちらは中世から現代までの食器や家具が中心で（図8-40）、モードもあるがどちらかと言えばヴィクトリア＆アルバート美術館のパリ版といったところ。

一方、パレ・ガリエラに入っている市立モード＆コスチューム博物館（服飾美術館）で

図8-40　第二帝政期の調度品の展示室、装飾芸術美術館　ナポレオン3世時代に用いられた家具を集めて、当時の上流階級の客間を再現している。同館にはナポレオン1世が用いた玉座なども展示されている。

図8-41　市立モード＆コスチューム博物館（服飾美術館、パレ・ガリエラ内）　ガリエラ侯爵夫人によって建てられた後期ルネサンス様式の宮殿で、1888年の完成。モード史に特化していて、1万2千点の衣服と、その他5万点以上のコレクションを有する。

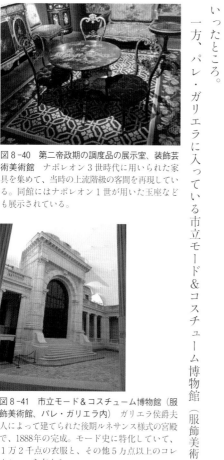

図8-42　ココ・シャネル〈ジャケット・スーツ〉1964年、市立モード&コスチューム博物館　あらためて説明の必要もないシャネル・スーツ。ただ現在のシャネルは、官能性を高めるためか女性の身体に負担がかかるタイプのラインもあり、ココが目指していた方向から時おりズレるようにも思えるのだが、どうだろうか。

図8-43　ポール・ポワレ〈エジプト風ドレス〉1919年、市立モード&コスチューム博物館　ポワレは女性服をコルセットから解放した先駆者のひとり。シャネルはポワレに敬意を示しつつも、下の開口部が狭いドレスは脚を動かしにくいと批判している。

は、主として一八世紀から現代までのモードが扱われていて、ココ・シャネルを含む近現代のファッションの推移がわかりやすく展示されている（図8-41）。ウエストを締めあげるコルセットや、腰から下を大きく見せるバッスルやクリノリン付きの優雅な、しかし動きにくい貴族趣味モードを見た後では、シャネルらの衣服がいかに女性の体に優しくできているかがよくわかる（図8-42）。さらにポール・ポワレ（図8-43）や、スペイン人デザイナーのマリアーノ・フォルチュニらは、古代ギリシャやエジプトの衣服を参考に、コルセットを用いない女性服をシャネルとほぼ同時期かやや先行して発表している点で重要である。

†異文化との共生

前章で述べたとおり、今日のパリの社会と文化を形作る要素として、移民の存在は大きい。そもそも、ルテティアがローマやゲルマンによる争奪の場となって以来、パリは常に移民によって創られてきたと言ってよい。

そのなかで、恒常的に特殊な扱いを受けてきたのがユダヤ人である。ユダヤ教徒すなわちユダヤ人だが、彼らはすでにガロ・ロマン時代にはパリに住んでいた。しかしキリスト教はユダヤ教からの分派であるにもかかわらず、イエスをキリスト（メシア、救世主）とみなさず、また処刑に追い込んだという点で迫害も受けており、一三〇六年にはフィリップ四世が最初のユダヤ人追放令を出している。「最初の」と書いたのは、それ以来、許可と追放令が何度も繰り返されたからである。一八世紀半ばにはフランス全土の人口の約一・七パーセントほどをユダヤ人が占めており、この割合は都市部では高くなる。他の都市によくあった隔離区域としてのゲットーはパリにはついぞ存在しなかったが、ユダヤ人はマレ地区の南寄りのあたりに多く住んでいた。現在もロジェ通りを中心とする一帯にはシナゴーグが点在し、民族料理を供する料理店が多くある（図8-44）。

図8-44　ユダヤ人居住地域　ロジェ通りとエクッフ通りとが交わるところ。代表的なユダヤ料理であるファラフェルの文字が見える。観光客も非常に多い地域である。このあたりでは、シナゴーグが１本の通りに１カ所ほどの割合で存在するが、一見普通のアパルトマンか店舗の入口のように見えて分かりづらい。

フランス革命で採択された人権宣言は、すべてのひとの平等をうたったものだが、条文に反して、ユダヤ人を平等に扱うことには積極的でない議員も多かった。「集団としてのユダヤ人はすべて拒否、個人としてのユダヤ人にはすべてを許可」といった意味の有名な発言が知られている。結局、一七九一年にはユダヤ人に非ユダヤ人と同等の法的地位が与えられた。

伝統的にユダヤ系が力を持っていた金融業のみならず、法曹界や出版業界、芸能・芸術分野や文芸・学問分野で多くのユダヤ人が活躍した。しかしその後もユダヤ人への偏見は根強く、ドレフュス事件や第二次大戦中にパリで発生したヴェル・ディヴ事件など、陰惨な記憶がこの街に刻まれていることは本書でもすでに述べてきたとおりである。

さて、大戦後の「栄光の三十年」で、フランス経済はおおいに発展した。その一方で、高度成長は労働力の不足をひきおこした。これを補ったのは戦後いったんはフランスに返還された植民地からの移民である。しかし大戦後から各地では独立運動が始まっており、仏領インドシナからは一九五四年に撤退、「アフリカの年」と呼ばれる一九六〇年にはカメルーンやマダガスカル、コートジボワールなど一〇以上の国が独立を果たし、次いで一九六二年にはアルジェリアが独立を勝ち取った。

ただ、いまだに旧植民地との間には大きな経済格差があるため、フランス語圏各国からの移民は常に増加している。フランスの人口に占める移民の割合は約一割、さらに移民二世を加えると二割に達する。そのような状況下で、近年最も報道を賑わすのが、フランス在住のイスラム教徒との生活習慣やメンタリティーの違いに起因する出来事である。パリの道端で大勢のイスラム教徒が揃ってメッカの方向へ礼拝をおこなう光景を、ニュースなどで目にした方もおられるだろう。スカーフ（ヒジャーブ）を着用したムスリムの女子学生が登校を拒否される出来事はもはや全国的な問題だ。さらに、ムハンマドの風刺画を載せていた週刊紙「シャルリ・エブド」が、アルジェリア系移民のイスラム教過激派の襲撃をうけて一〇人以上が亡くなったテロ事件は記憶に新しい。イスラム系移民の問題は、経済問題とナショナリズムに加えて宗教間の無理解と対立が重なっているため、解決への道のりは険しい。

図8-45　大モスク（グランド・モスケ・ド・パリ）、礼拝所　正面奥の壁のくぼみが、メッカの方向を示すミフラーブ。信徒は身を浄めて礼拝をおこなうため、入口の近くに足や体を洗う部屋がある。

図8-46　大モスク、グラン・パティオ　偶像崇拝の禁止条項を守り、アラーやムハンマドの顔や人像を使わないため、アラブ美術はカリグラフィーと装飾文様に特化した。

しかし歴史的には、ヨーロッパよりもイスラム世界の方が、他民族や異教徒に寛容だった期間ははるかに長い。つまりイスラム教は不寛容というイメージは現代的なものである。パリの美しい大モスク（図8-45、8-46）でも、筆者のような異なる存在へのフレンドリーさは驚くほどだ。ただ、個人間では起きない問題でも、なぜか集団間になると顕在化するものだ。そうした衝突をひきおこす根本には必ず無知と無理解があるので、なんとかひとりずつが相手の文化と生活様式、歴史とメンタリティーを知ろうとこころがけて、少しずつでも相互理解が進んで状況が変わっていくことを祈りたい。

colonne
パリの美術館
8

異文化を知る――ユダヤ、アラブ、東洋

ここでは異なる文化を知ることのできる施設を三つご紹介。それぞれ、ユダヤ、アラブ、東洋である。

【ユダヤ歴史美術館】

一九九八年開館。ポンピドゥー・センターの近くにある歴史的な邸館に入っている。モンマルトル地区にあるユダヤ・センターの四階にかつてあったユダヤ美術館のコレクションがそのまま移管された。古代資料から墓碑や衣服、祭儀のための道具

ユダヤ歴史美術館、前庭　正門を入ったところ。1650年に完成した歴史あるサンテニャン館に入っている。

仮庵、19世紀、ユダヤ歴史美術館　ユダヤの三大祭のひとつ「仮庵《かりいお》祭」のために、ドイツかオーストリアで用いられたものの再構成。仮庵祭は、ユダヤ民族の出エジプトの際、旅路の途中で幕屋に住んだ逸話に基づく。

やトーラー（聖典）まで、膨大な数が展示されている。同館はまたシャガールやモディリアーニ、キスリングといったユダヤ人芸術家の作品も展示しており、中庭にはクリスチャン・ボルタンスキーによるインスタレーションがある。

【アラブ世界研究所】

サン＝ルイ島の川向かいにある巨大な施設。一九八七年にできた現在の建物には、研究施設や図書館と並んで博物館（アラブ世界研究所博物館、頭文字をとってＩＭＡ博物館とも）が入っ

アラブ世界研究所、外観　フランスの建築家ジャン・ヌーヴェルの設計。壁一面のガラス窓はカメラレンズの絞りの原理を採り入れた可動式で、外光に合わせて内部照度を調整できる。

トーラー容器、1860年、ユダヤ歴史美術館　オスマン・トルコで用いられていたもの。トーラーとは（キリスト教からみた）旧約聖書のモーセ五書にあたり、ユダヤ教徒にとって最も重要な聖典。日本の絵巻のように2本の軸に巻かれており、さらにそれをこのような容器に入れる。

クルアーン（コーラン）、15世紀第四四半期、アラブ世界研究所　現在のイランで制作されたクルアーンで、水彩絵具で装飾が描かれた上から、金泥が塗られている。このひときわ豪華なクルアーンは、王族からフランス大統領への贈答品だった。

ている。研究所はアラブ連盟加盟国（当初一八カ国、のち二二カ国追加）との合意に基づいて設立され、全面的な協力のもと運営されている。IMA博物館では毎回異なるテーマを掲げた企画展を開催しており、多くの来場者を集めて相互文化理解にひと役買っている。

【ギメ東洋美術館】

フランスの実業家で東洋美術コレクターのエミール・ギメによって、一八七九年にリヨンで開館されたものが、一八八五年にパリに移り、さらに一八八九

ギメ東洋美術館、入口
ギメは1876年に来日。入手した数は絵画・彫刻あわせてなんと1000点近い。帰仏後に万博で日本美術を大量展示しており、ジャポニスムの進展に貢献した。

ランプ、13世紀第2四半期、アラブ世界研究所
現在のイラクで制作された真鍮製のランプで、非常に繊細な紋様装飾が施されている。端に穴がいくつか開けられており、天井から吊るして常夜灯としても用いられた。

〈青花龍紋梅瓶〉14世紀、ギメ東洋美術館
元朝時代に景徳鎮で制作されたもの。コバルトブルーの地に白龍の姿が映える。1894年に寄贈されたもの。

年に現在の建物に入った。ギメは日本滞在時に大量の仏像を安価で入手できたが、それは明治政府が天皇の神道を奉じたため、廃仏毀釈により仏教美術品が廃棄される危険に直面していたことによる。同館にある美術品にはかつて盗難にあって販売された美術品も多く、批判もされたが、そのおかげで原産地でのその後のさらなる破壊を免れた一面もあるため歴史的評価は難しい。現在は、原産地へ返還されて、レプリカ展示に切り替えられたものも多い。

〈シヴァ神像〉11世紀、ギメ東洋美術館
インドで制作されたブロンズ製のシヴァ神像。世界を破壊し再創造するための踊りを舞う図像。ギメ東洋美術館は極東アジアだけでなく、東南アジアや中央アジア、インドなど幅広い地域をカヴァーする一大美術館である。

パリ市の面積は東京の山手線内側の約一・四倍ほどで、ルーヴル美術館を抱える一区を中心に、時計回りに三周ほどかけて二〇の行政区が並んでいる。人口も山手線の内側が二〇〇万人弱なのに対し、約二三〇万人ほどで人口密度もよく似ている。また東京が広大な関東平野のなかで膨大な周辺人口を抱えているのと同様に、パリも近郊に多くの人口を抱え、近郊鉄道を使ってパリ市内に日々通う人も多い。この大パリ市圏のことを「イル＝ド＝フランス」と呼ぶ。直訳すれば「フランスの島」を意味し、セーヌ河など複数の河川を境界とすることに基づくと一般には思われているが、実際には「フランク人の小さな土地」を意味する古フランク語「Liddle Franke」に由来している。

イル＝ド＝フランスはパリ市をはじめとした八つの県からなる地域を指し、その面積は東京都の半分ほどになる。域内人口は一二〇〇万人を超え、フランス国民の五人に一人がここに住んでいる計算となる。購買力平均などの経済指標もEU内ではおしなべて高く、こうした経済力や政治力の点からしても、フランスは首都圏一極集中がやや顕著な国のひとつと言える。

この地域が政治から文化に至るまで、フランスという国の中核を成していたのは昔からで、そのため歴史的事件の舞台となった場所や城などの文化遺産が域内に点在する。それらはすべてパリから日帰りで訪れることができるので、ちょっと遠出をしたい時の格好の場所となっている。

1　サン＝ドニ——王の眠る場所

サン＝ドニの名は、スポーツ好きの方なら耳にしたことがあると思う。ここには、サッカーとラグビーのフランス代表がホームとする八万人収容の大スタジアム「スタッド・ド・フランス」があるためで、一九九八年のサッカー・ワールドカップで地元フランスがブラジルを下して初優勝したのもここである（二〇二四年オリンピックのメイン会場でもあ

図9－1　レオン・ボナ〈聖ディオニュシウスの殉教〉1874–86年、パリ、パンテオン　パンテオンにあるこの巨大な絵画は、世紀末アカデミーの中心人物レオン・ボナによるもので、新古典主義の継承者ならではの緻密で巧みな写実的描写が光る。ボナはサロンの審査員を長くつとめ、エコール・デ・ボザールの学長にまでなった。教え子にカイユボットやトゥールーズ＝ロートレックらがいる。

る）。熱狂するフランスのサポーターの様子に、筆者がその頃留学していたイタリアの人々が「フランス人でも代表を応援するんだ」と不思議そうに言っていたのを覚えている。裏を返せば、たとえ自国の代表の試合でも他人事で興味を持たないほどに、フランスが個人主義だと思われていたということだ。

サン＝ドニとは聖ディオニュシウスのフランス語読みで、パリで最初の司教とみなされている三世紀前半の人物である。禁教時代のことなので迫害をうけ、捕らえられてモンマルトルの丘で斬首された。ところが彼は自らの頭部を拾い上げ、抱えて数キロ歩いたという。この伝説は中世のベストセラーともいえるヤコブス・デ・ウォラギネの『黄金伝説（レゲンダ・アウレア）』に書かれているため広く知られ、衝撃度で群を抜くこの奇天烈な逸話は多くの芸術作品の主題となった（図9-1）。

パリの大環状の北に位置するサン＝ドニは、地下鉄やRER（高速地下鉄）を使えばものの数分で着くことができるほどパリに近いが、長く公害に苦しむ工場街で、なかばスラム化していた。こうした状況は二〇〇〇年代に入ってから都市再開発でかなり改善されたが、パリで頻発するデモが今でもしばしば過激化する地域でもある。

斬り落とされた頭部を抱えた聖ディオニュシウスは、当時カトラクスという名の農村だったこの土地まで来たところで絶命した。ひとりの農婦がその亡骸を埋葬し、やがてその上に小さな僧院が建てられたと伝えられている。これが今日サン゠ドニ大聖堂とよばれる教会の起源である（すでに述べたように大聖堂とは司教座教会を意味するが、サン゠ドニが大聖堂となったのは二〇世紀に入ってからのことで、それまでは修道院教会だった）。

四七五年には立派な教会となり、メロヴィング朝四代目の王ダゴベルト一世によって六三〇年に改修された後はベネディクト修道会の僧院となる。ピピン三世（短軀王）によって教会は再度改修されて巨大化し、地下に殉教者を埋葬する納骨堂が造られ、その後も幾度かの改修を経て今日の大教会へと姿を変えていった。

この教会の重要性は、ダゴベルト一世以来、ルイ一八世に至るまでのほとんどのフランス王がここに葬られたことによる。初期の頃の王墓の多くは、仰向けに寝た状態の故人を手を合わせて祈る姿にして彫ったもので、ほぼ定型化されたスタイルを踏襲している。様式が大きく変化するのは一三世紀半ばで、生前の姿をよくとらえた写実的な肖像彫刻が主

図9－2　ピエール・ボンタン〈フランソワ１世と妃クロード・ド・フランスの墓碑〉1550年代、サン＝ドニ大聖堂　最上部には前列に王と王妃がいて、その背後では３人の子が同様に跪いて手を合わせている。中央アーチの下に遺骸を入れていた石棺があり、その蓋にトランジ像がある。

左：図9－3　フランチェスコ・プリマティッチオ、ジェルマン・ピロン〈アンリ２世と妃カトリーヌ・ド・メディシスの墓碑〉1573年、サン＝ドニ大聖堂　プリマティッチオはジュリオ・ロマーノの弟子で、フランソワ１世によってイタリアから招聘された初期フォンテーヌブロー芸術家のひとり。そのままアンリ２世にも仕えていた彼に発注された作品のひとつだが、できあがった容赦なく醜い自らのトランジ姿に恐れをなしたカトリーヌは、これとは別に従来のスタイルによる墓碑を望んだ。そのため、サン＝ドニ大聖堂にはもうひと組、ジェルマン・ピロンによって1583年に制作された仰臥式の墓碑彫像が別の場所にある。

流となった。本書に登場する重要な王族たちの墓もたいていここに並んでいるので、歴史好きにはたまらない。

　なかでも目をひくのはいくつかの大規模墓碑彫刻である。フランソワ一世と妃クロード・ド・フランスの墓碑（図9-2）や、アンリ二世と妃カトリーヌ・ド・メディシスの墓碑（図9-3）はその典型で、中央にアーチによるアーケード構造を持つ。どちらも最上部に跪

図9－4　クリプタにある「イルデュアンの礼拝堂」、サン＝ドニ大聖堂　地下中央にあるブルボン朝最後の王族たちの墓所。左列中央にマリー・アントワネット、その横にある右列中央が夫のルイ16世。処刑された両者の遺体もここに安置された。その後、王位に就いたルイ18世はルイ16世の実弟で、兄の墓石の隣（右列手前）に埋葬されている。

図9－5　エドム・ゴーユ、ピエール・ペティト〈ルイ16世とマリー・アントワネットの墓碑〉1830年、サン＝ドニ大聖堂　クリプタにある墓石の他に、大聖堂にはルイ16世と王妃マリー・アントワネットの肖像彫像がある。これもルイ18世による注文で、生前に多く作られた肖像メダルや肖像画をもとに、マリーの特徴をよくとらえた写実的な肖像彫刻となっている。

いて祈る夫婦の姿があり、中央のアーチの下には遺体をおさめていた石棺が、そしてその蓋には彼らの仰臥像が彫られている。興味深いことに、仰臥像はなかば腐敗し始めた肉体の姿で彫られているが、このスタイルを「トランジ」と呼ぶ。トランスフ

図9－6　地下にある共同納骨所、サン＝ドニ大聖堂　かつての殉教者納骨堂は長い間王族関係の人々の共同墓所となっていたが、蓋や石棺が無様に散乱するその乱雑な光景は、フランス革命による混乱の様子を今に伝えている。

アーやトランスミッターなどの語でおわかりのように、トランジも「変移」の意を持つ語で、つまりは生前の姿から死後の骸骨になる中間の「うつろいゆく姿」をあらわす。わざわざ自分たちの肉体が醜く腐っていく姿を彫らせているわけだが、そうした死の様相も受け容れ、すべてを神による死後の救済に委ねる意を示している。結局、最上部から生前→トランジ→遺骸、という三段階の姿が三層構造であらわされているのだ。

ただ、御多分に漏れずこの教会も革命の波をまともに被っており、一七九三年には国民公会で王家の霊廟の破壊が提起されている。美的価値の高い墓碑だけはパリに移されたが、墓はすべて暴かれて遺体が共同溝に投げ込まれた。その後、ナポレオン戦争後の王政復古によって復位したルイ一八世によって、墓碑は再度サン＝ドニに戻されたが、ただでさえ無秩序に地下納骨堂におさめられていた八〇〇人もの王族の石棺は、今も蓋を開けられて乱雑に積み重ねられたままである（図9-6）。

2　フォンテーヌブロー――フランス近代の立役者の宮殿

パリの周辺にはいくつかの森が広がっているが、なかでもパリの南東に広がるフォンテーヌブローの森は、広さ約二五〇平方キロメートルと、山手線内側エリアが四つ入るほどの面積を有している。セーヌ河の上流に位置するこの森はかつてビエールの森と呼ばれ、一一世紀頃から王の狩猟地として長く守られていたため保全状態がよく、今も八割以上の区域が国有林として管理されている。

狩猟の際の拠点として、森のなかにあって「ブリオー」の名で呼ばれていた泉（フォンテーヌ）のそばに館が建てられた。ブリオーはやがて「ベル・オー（美しい水）」に転じ、そこからいつしか現在の呼び名へと変わっていった。館の建設がいつのことかは記録がないため定かではないが、一一三七年にはすでに立派な邸館となっていたことは、ルイ七世がここを王宮とする勅許を出したことで明らかである。また同世紀の末には、フィリップ・オーギュストが十字軍遠征からの帰還を祝う式典をこの地で催している。しかし百年戦争が勃発し、パリの陥落などをうけてここの王宮は一時放棄されていた。

フォンテーヌブローにふたたび光があてられたのは、イタリア遠征によりミラノ以北を支配下におさめたフランソワ一世が、かの地で優れたルネサンス建築の数々に触れ、ここにフランス王にふさわしい宮殿の建設を思い立ったことによる。王の命をうけたジル・ル・ブルトンの指揮のもと、建設が始まった。

フランソワ一世は俗に「フランス・ルネサンスの父」と呼ばれる。彼の時代に、フランスは軍事力や政治力でイタリアを圧倒していた。イタリアは主要都市がそれぞれ都市国家

図9－7　フォンテーヌブロー宮殿、前庭から正面をのぞむ。

図9－8　フランソワ1世の回廊、フォンテーヌブロー宮殿　2階部分にあるこの長い廊下は、もともと中庭と修道院（改修により消失）をつなぐ単なる通路にすぎなかったが、フランソワ1世の居住エリアに入ったのを機に、1533年から1539年にかけて、ロッソ・フィオレンティーノによる装飾が一面に施された。上下2層に分かれた壁面の、上層にずらりと並んだ長方形の絵画はすべてロッソによる。一方、下層壁面部分にはフランソワ1世とフランスの紋章がレリーフで彫られている。

をなし、長い間半島内で群雄割拠状態が続いていた。都市国家群のほとんどは繊維業や金融業などの主要ギルド（同職人組合）によって実質的に自主運営されており、その風土のおかげでイタリアにルネサンスが興《おこ》ったのである。そうしている間に、フランスでは王を頂点とする絶対王政国家が形成されつつあった。イタリアになだれ込んだフランス軍は国家軍であり、分裂状態のイタリアがかなうはずもなかった。一方で、文化面ではフランス

図9－9　ダンスホール、フォンテーヌブロー宮殿
アンリ２世の時代に完成した部分。正面暖炉の両隣にある絵画は、プリマティッチオの原画に基づくニッコロ・デッラバーテ（やはりイタリアからの招聘芸術家）による作品。舞踏会が開かれる華やかな空間であり、その後何度も装飾や図像の変更が繰り返された。

図9－10　アンヌ・ドートリッシュの寝室、フォンテーヌブロー宮殿　宮殿にはマリー・アントワネットやナポレオンら、代々ここを使用してきた王族たちが自らの趣味に合わせて装飾させた部屋が並んでいる。アンヌ・ドートリッシュのために1660年頃に作られた寝室はとりわけ豪華なもので、壁や天井一面に色とりどりの装飾が施された。なかにはヴァチカンにあるラファエッロの壁画の部分模写なども含まれている。オーク材でできたひときわ豪華な寝台は、1860年頃にフルディノワによって制作された。

はイタリアの後塵《こうじん》を拝していた。そこでフランソワ一世は手っ取り早く、イタリアから著名な芸術家をフランス宮廷へ招聘する方策をとった。代表的な例がレオナルド・ダ・ヴィンチで、彼は一五一九年に世を去るまでの最晩年の三年間を、アンボワーズの王城のそばにある邸館で送っている。王は高名なこの文化人を、王侯貴族となんら変わらないほどの高額な俸給と深い敬意で遇した。

フォンテーヌブロー宮殿の再建にあたっても、王は同じ方法をとった。計画は一五二七年にスタートしたが、建築家セバスティアーノ・セルリオや彫刻家でもある建築家フランチェスコ・プリマティッチオ、画家ロッソ・フィオレンティーノら、イタリアから招聘された当代一の芸術家がことにあたった。再建されたフォンテーヌブロー宮殿の中核をなしているのは今でも彼ら「第一フォンテーヌブロー派」と呼ばれる芸術家たちによる成果である。フランス人芸術家たちが彼らの仕事を手伝うことで、イタリアの技術や様式がフランスでも定着していった。

フランソワ一世の事業は子のアンリ二世に引き継がれたが、宮廷建築家として指揮をとったのは、イタリア帰りの建築家フィリベール・ド・ロルムだった。こうして、「第二フォンテーヌブロー派」と呼ばれる世代の芸術家たちが活躍する頃には、そのほとんどをフランス出身の芸術家が占めるようになっていた。

その後もフランスは、宮廷を中心に大規模な文化事業を繰り返し、ヨーロッパにおける文化の中心地の地位を、いつしかイタリアから奪うようになる。ヨーロッパの文化的な重心は古代ギリシャからイタリアに移って以来、ながらく半島にとどまっていたが、近代以降のそれがフランスにあることは、アカデミーの時代や印象派などをみても明らかである。そして振り返ってみれば、その転換点となったのは、疑いなくフランソワ一世である。その点で彼はたしかに「フランス・ルネサンスの父」であり、そしてより俯瞰的な視点からは、彼を「近代におけるフランス文化の覇権の立役者」と呼ぶことさえできるだろう。

3　ヴェルサイユ——太陽王の宮殿

ルイ一四世がヴェルサイユにあらたな宮殿を建てようと決めた時、まだそこは沼と丘がまだらに広がっているような荒れ地で、父のルイ一三世が狩猟のために建てた小さな屋敷があるだけだった。宰相マザランの死をうけて、ルイ一四世が親政を始めた一六六一年にヴェルサイユの改修と造成工事が始まったが、当初はそれほどの予算がかけられていたわけではなく、むしろルーヴル宮殿のほうにより大きな改修予算が割かれていた。当時は王のいるところが宮廷であるため、政府はいくつかある宮殿の間を移動していた。そのなか

でヴェルサイユを最終的に定住の地にしようと王が考えるようになった理由は定かでない。ヴェルサイユなら、以前の誰かが造った建物に住むことなく、自分の思い通りに造らせることができること、そして親政を完全なものにするには周りを囲むうるさ型が少ないほどよく、そのためにパリからやや距離を置くのがよいといった判断が働いたと思われる。こうして一六七七年にヴェルサイユを恒常的に王宮とすることが発表され、急ピッチで工事が進められた。王がここへ実際に引っ越してきたのは、一六八二年、四四歳の時のことで

図9-11　ヴェルサイユ宮殿、正面　設計は建築家ルイ・ル・ヴォーだったが、1670年に亡くなってしまう。彼の没後もその計画に基づいて進められ、1675年から加わったジュール・アルドゥアン＝マンサールが有能さを発揮し、王の首席建築家となった。

ある。

　宮殿では常に整備と拡張が続けられた。前庭と巨大な庭園を造るために大量の石と土砂が取り除かれ、または沼や窪地を埋めるために運ばれた。工事人夫だけでは足りず、連隊の兵士たちまでがかり出された。とりわけ池や噴水に水をひくための運河造りは大工事で、二万人の兵が携わっている。あわせて予算も膨れ上がっていく。一六七七年に一〇〇万リーヴルだった予算は、三年後には五倍以上になった。

　当時より敷地がかなり狭められたとはいえ、現在でもヴェルサイユは世界最大の宮殿のひとつである。総面積は八〇〇ヘクタール、周囲の塀は二〇キロメートル、宮殿のために敷かれた運河の総延長は三五キロメートルにもなる。ちなみに、庭園内の道をすべて足すと二〇キロメートルあり、歩くとなれば大人の足でも四〜五時間かかる。部屋数は約七〇〇室、中庭と地下室合わせて一一〇カ所、階段が六七カ所、窓の数は二一五三枚……

　巨大さと華やかさの裏で、三〇年間の工事の間に二〇〇〇人以上もの負傷

図9-12　ヴェルサイユ宮殿、「鏡の間」　マンサールが鏡の間を実現するために拡張工事を始めたのは1678年。それまで庭園に面していたテラスを取り壊して造られた。1684年に完成。窓からの景観を完璧にするために、こんどは庭園に置くための古代彫像の模作を造るよう、アカデミーの学生達に注文がなされた。ここはフランスの栄華のシンボルでもあり、だからこそ普仏戦争時にドイツはここで帝国の成立を宣言した。逆にドイツが敗れた第一次大戦では、終結のための条約調印の場として、意趣返しのようにフランスもこの部屋を選んだ。

図9-13　ヴェルサイユ宮殿、庭園の眺望　造園家アンドレ・ル・ノートルによる。イタリアのルネサンス式庭園をベースに、フランス式庭園様式を確立した。太陽王は時おり無茶な命令も出しており、1774年の終わりに、突如としてすべての樹木を植え替えよと命じ、実際、いったんすべての木々が伐採された。

者が出た。周辺から集められた作業員は朝五時から一九時まで、つまり日の出ている間はずっと働かされた。主だった貴族や役人は全員が宮殿内に暮らすことを強要され、彼らはそれを名誉に感じながらも、実質的には金ぴかな檻に入れられたも同然だった。

ヴェルサイユ宮殿は、よく「太陽の宮殿（パレ・ドゥ・ソレイユ）」と呼ばれる。ふんだんに施された金装飾のせいで輝いていることもあるが、ルイ一四世が太陽王と綽名されたからでもある。宮殿は彼の好みに従って造られ、彼のために使われた。王は寝室で寝台に横たわったまま執務をすることもよくあった。時には、マントノン夫人の部屋にいるまま謁見することも。マントノン侯爵夫人フランソワーズ・ドービニェは低い身分の出だったが、王の側室のような立場にあった。特に名門の出で王妃マリー・テレーズの侍女だったモンテスパン夫人が王の寵愛を失って以降は、マントノン夫人が重きをなす。頭の回転が非常に速い彼女は、王の隣で執務を見ながら政策に口を出すこともしばしばだった。

計算方法にもよるが、一六六一年から太陽王が亡くなるまでの五四年間で、ヴェルサイユに投下された費用は六八〇〇万リーヴルにのぼる。いくらその治世がフランス絶対王政の絶頂期だったといえど、国家財政を暗転させるには充分な数字だった。実質的に、フランス革命へとつながる混乱の根本原因はヴェルサイユの大事業にあると言ってよい。

次のルイ一五世はトリアノン宮殿を愛し、彼の好みに仕立てあげた。彼はその隣に、愛妾ポンパドゥール夫人のためにプチ（小）トリアノンを建て始めた。完成した時にはポンパドゥール夫人はすでに世を去っており、かわりにあらたに愛妾となったデュ・バリー夫人が落成式をおこなっている。そして次代のルイ一六世はプチ・トリアノンを王妃マリー・アントワネットにプレゼントした。彼女はそれまでヴェルサイユで主流だった幾何学

図9-14　プチ・トリアノン、ヴェルサイユ宮殿　完成は1768年、ロココ建築の典型例。

的なルネサンス式庭園とはまったく異なる、より自然なイギリス式庭園を求めた。そのために大幅な地形造成工事がおこなわれ、人工の池や丘が造られた。農村の雰囲気を出すために小集落が造られ、農民まで移住させられた。すべての工事が完成したのは、彼女がギロチン台の露と消える二年前のことだった。

図9-15　王妃の里、ヴェルサイユ宮殿　イギリス式庭園。1777年に落成式。起伏に富んだ地形や池、小川の造成は、平地に幾何学庭園を造るよりもはるかに多くの人手と費用を必要とする。革命の足音が高まるなか、マリー・アントワネットはここでのんきに羊飼いごっこなどをしていた。

図9-16　岩山、ヴェルサイユ宮殿　イタリアのピッティ宮庭園をもとに、プチ・トリアノンの庭園には人口のグロッタ（洞窟）や巨岩による岩山が造られた。そのために切り出された石の総量は数千トンにのぼる。

4　バルビゾン──外に出た画家たち

広大なフォンテーヌブローの森の、宮殿とは反対側にバルビゾン村はある。この小さな村が世界的に知られるようになったのは、かつてここに住んだ絵描きたちのおかげだ。そしてその背景には、そうなるだけの理由がいくつもあった。

まず一八二九年に画家ジャン＝バティスト・カミーユ・コローがこの村を訪れて絵を描いたが、それは五年前にパリのサロンでジョン・コンスタブルらイギリスの風景画家たちの作品が展示されて人気を呼んだことが大きい。コンスタブルは同年代のウィリアム・ターナーとともに、想像力で創り出すのではなく眼で見て描くという、それまでに無かった風景画を生み出していた。

次いで、一八四一年にはチューブ入りのガッシュ絵具が開発される。ガッシュとは不透明水彩のことで、油彩にくらべて水彩は乾くのが圧倒的に速く、描くのに必要な道具の数も少ない。江戸期日本の名所絵のように、今日の観光名所の写真やポストカードがわりに購入されていた絵を地誌的風景画と呼ぶが、その第一人者だったターナーが水彩絵具を使っていたのも、外でサッと色付きでスケッチできるからである。ましてや、それがチューブに入ったものとなれば、屋外や旅先での制作は一層容易になる。

さらには、一八四九年にパリとリヨンを結ぶ鉄道が開通する。パリからバルビゾンまでは直線距離でも三〇キロメートル以上あるため、それまでおいそれと行ける場所ではなかったが、鉄道の開通によって移動にかかる時間ははるかに短くなる。

そして最後に決定的な動因となったのは、同じ年にパリでコレラが流行したことである。都市部で感染がさかんになることは経験的に知られており、そのため、多くの画家が疎開がてらバルビゾンを訪れては、一定期間滞在するようになった。ほかにも週末だけやってくる画家もいて、バルビゾンでの制作はパリの画家たちの間で小さなブームとなった。それまでの風景画とは、外でスケッチしてきたものをもとにアトリエのなかで描くものであって、決して野外でそのまま制作するものではなかった。そのため、バルビゾンでの制作を苦々しく思う者もいて、揶揄するような記事が新聞や雑誌に載ったりしている（図9-17）。

図9-17　バルビゾンで制作する画家たち、『イリュストラシオン（*L'Illustration*）』誌、1849年11月24日号　画家たちのパラソルがズラッと並ぶ。「フォンテーヌブローの森での風景画家たち」と題されている。

今でもバルビゾン派の画家のように外の光のもとで描く人々を「外光派（Pleinairisme 外光主義）」と呼ぶ

が、この名もその頃から用いられ始めたものだ。そして一八九一年には、イギリスの美術評論家デヴィッド・トムソンによって「バルビゾン派（Barbizon school）」と命名された。トムソンはイギリスで芸術品を取り扱うグーピル商会の取締役でもあり、同商会には後にファン・ゴッホも勤務している。

こうしてこの村を多くの画家たちが訪れた。そうなると宿屋を始めたらよい商売になるだろうと考える人はいるもので、はやくも一八二四年にはガンヌ夫妻が旅館を開業した（図9-18）。文学のゴンクール賞にその名を残す作家ゴンクール兄弟は、ガンヌ旅館に宿泊料二フラン七〇サンチームを払って泊まったが、「オムレツしか出さず、テーブルクロスはしみだらけ」（三浦篤、坂上桂子訳）と不満を書き残している。それでもここは、パリからやってくる画家たちの常宿となった。旅館は現在バルビゾン派美術館となっており、滞在した画家たちが家具や壁に描いた絵や落書きなどもそのまま残されており（図9-19）、今となっては建物自体が貴重な作品となっている。

バルビゾン派の代表的な画家のひとりテオドール・ルソーは、仕立て屋の家に生まれ、早くから風景画を手がけて一九歳でサロンに入選する早熟さを見せる。しかしその後はながらく落選が続き、いつしか「落選王（ル・グラン・レフュゼ）」と綽名されていた。彼は一八四七年にバルビゾン村に移り住む。落選の連続によるコンプレックスは彼を苦しめ続け、友人が成功して勲章を受勲した際には嫉妬のあまり絶交したほどだ。しかしルソーも徐々に名をあげ、四〇歳で勲章をうけ、三年後の一八五五年パリ万博に出品して高い評価を得てようやく気を晴らしている。彼が暮らしたアトリエ兼住居は今も村にあり、小さな教会に隣接しているが、アトリエ自体はかなり改修されてしまった。彼がフォンテーヌブローの森で描いた絵画には、かすかに吹くそよ風に枝先の葉が揺れて、穏やかで静かな風

図9-18　ガンヌ旅館（現バルビゾン派美術館）

図9-19　ガンヌ旅館の食堂　滞在した画家たちが絵を描いた家具がある。

図9-20　テオドール・ルソー〈フォンテーヌブロー、アプルモンの樫の木〉1852年、ルーヴル美術館　バルビゾン派以前の風景画は、アトリエで着彩するためにどうしても葉先まで細かく描かれていたが、屋外で実際に見れば、そのような遠いところの細かいところまで人間の眼では見えないし、常に吹く風でこまかく葉先も動くものだ。バルビゾン派はそうした要素を忠実に描いた最初の人々であり、後の印象派に直接的な影響を与えた。

景が広がっている（図9-20）。

〈晩鐘〉や〈落穂拾い〉などで知られ、日本でも人気の高い画家ジャン＝フランソワ・ミレーは、片田舎の農家の生まれで、絵を学んだところ出来が良かったので奨学金を得てパリに出た。彼は一八四九年のコレラでこの村へ逃げてきたひとりだが、当初はほんの数週間の滞在のつもりであり、生涯住み着くことになるとは彼自身想像していなかった。しかしその村での静かな暮らしと、何よりモチーフとしての周囲の自然を気に入って、小さな家と、アトリエとして使うために納屋を借りた。そして数年後にはアトリエに二部屋を増築した。これが今日「ミレーの家」と呼ばれる建物である（図9-21）。ここは現在ジャン＝フランソワ・ミレー記念館になっていて、内部には彼が使っていたものや手紙などが展示されている（図9-22）。

ミレーはこの村で農作業をしつつ絵を描き続け、もと家政婦だった妻と穏やかに暮らしながら九人の子を育てた。そのつましい生活ぶりをよく知る親友ルソーは、先述のとおり社会的成功をおさめてから、ミレーを経済的に支えようとする。コレクターを紹介したり、富裕層の知り合いにミレーの絵を見せるなどして。ある時は自らミレーの作品を購入している。友人のプライドを傷つけないよう、自分だとばれないようにアメリカ人コレクター

図9-21　ミレーの家（現ジャン＝フランソワ・ミレー記念館）　最初に借りた家のほうは取り壊され、アトリエとその増築部分と庭が残っている。増築部分は食堂と台所として使われていた。

図9-22　ミレーの家のアトリエ　このアトリエを描いたスケッチも残っており、イーゼルの位置などはそのスケッチに合わせてある。この施設では、オーナー自身が来館者に熱心に説明してくれる。

を装ってまで。ミレーが亡くなった後、残された家族を案じてコローが支援金を送るなどもしている。印象派のバジールやカイユボットなどもそうだが、この時代の画家たちがお互いを助け合った逸話は胸を打つ。

ルソーは一八六七年に五五歳で亡くなる。最期はミレーの腕のなかで息を引き取った。一方のミレーはその八年後に大勢の家族に見守られながら六〇歳で世を去った。そのわずか二週間前に、昔実家の反対にあってずっと籍を入れていなかった妻との結婚式をようやく挙げたばかりだった。ミレーとルソーは墓地で隣り合うように埋葬され、村の端にある森のなかの大きな岩には、二人の記念碑が飾られている（図9-23）。

図9-23　ミレーとルソーの記念碑　彫刻家アンリ・シャピュによるブロンズ製プレート。この森はルソーの発案で美観保護地域となっている。

5　オーヴェール＝シュル＝オワーズ――炎の画家の最期の日々

ヴァンサン・ヴァン・ゴーグは一八九〇年五月の末頃に、私たちのところにやってきました。（……）二階にある（日本流に言えば三階）、あの小さな寝室で、あの部屋のドアは階段の手摺に面しています。（……）。ロビーにある部屋で彼は制作していました（私たちはその部屋を「絵描き部屋」と呼んでいましたが、いまだにそれは残っています。廊下を作ったので狭くなっていますけれども）。——（新関公子訳）

ヴァンサン・ヴァン・ゴーグとは、フィンセント・ファン・ゴッホのフランス語読みである。この手記を書いたのは、オーヴェール＝シュル＝オワーズで、ラヴーという名の宿屋を経営していた一家の娘アドリーヌである。まさにこの宿屋の屋根裏部屋で、ゴッホはその波乱に富んだ人生の最後の七〇日間を過ごした。

図9-24　ノートルダム・ドーヴェール＝シュル＝オワーズ教会　オーヴェール＝シュル＝オワーズのノートルダム教会は、11世紀に起源を持ち、13世紀と16世紀の改築で現在の姿になった。

図9-25　フィンセント・ファン・ゴッホ〈オーヴェールの教会〉1890年、パリ、オルセー美術館　37歳のゴッホは、5月からオーヴェールに住み始め、6月にこの作品を描いている。亡くなる1カ月半ほど前のことだ。晩年のゴッホ特有の、燃えるようなうねりが顕著である。

図9-26　オーヴェールの麦畑　ゴッホが眠る墓地のまわりには麦畑が広がる。ゴッホはここで数点の風景画を描いている。

オーヴェール＝シュル＝オワーズはパリの北三〇キロほどのところにある小さな街だ。ゴッホの最晩年の三年間は「奇跡の三年間」と呼ばれるほど、常人では考えられない数の作品を生み出した。オーヴェールでも彼は数多くの絵を描きあげており、街中には彼が描いた教会や役場がそのままの姿で残っている（図9-24、9-25）。郊外にはゴッホが何度も描いたため、既視感を覚えるほどの麦畑が、まるで時計の針がとまったかのように広がっている（図9-26）。

ゴッホがこの街に移り住んですぐの頃には、印象派の画家たちのパトロンとしても知られている精神科医ポール・ガシェ博士に紹介された別の場所に住んでいた。しかし家賃が高すぎたため、すぐにラヴーの三階（フランスでは二階）に引っ越す。アドリーヌが回想を書いたのは、それから六六年も経ってからのことだが、彼女の筆は画家の生前の姿を生き生きと伝えている。

「彼は体格が良く、一方の肩がかるく傷ついた耳の側に傾いていました。とても透徹したまなざしで、優しく、物静かでした。（……）あとで、彼が南仏で精神病院に収容されていたと聞いて、とても驚きました。オーヴェールでは、彼はいつも物静かで礼儀正しく見えたものですから。彼はうちの宿では一目置かれていました。私たちは彼を〝ムッシュー・ヴァンサン〟と呼んでいました」（同前）。

よく知られているように、彼は南仏のアルルでゴーギャンと「理想の芸術生活」をおくろうとしたが、破綻して最後には自分の耳を切って精神科に入院する。アドリーヌもその

図9-27　ガシェ博士の家、裏庭の崖　ガシェ博士の家も現在は資料館として公開されている。彼は自ら絵も描く芸術愛好家で、コレクターでもあった。その多くは寄贈されて今日オルセー美術館にある。崖のくぼみの柱には漢字が書かれているが、これは彼の子孫がここを公開していて、観に来た中国人が書き残していったものだ。

図9-28　ドービニーの家、アトリエ　オーヴェールに住んでいたシャルル＝フランソワ・ドービニーの家も公開されている。大きなアトリエの壁画は、彼自身が描いたものだ。立派な家で、裏庭も美しく整備されている。

傷跡に気づいていたようだ。ここオーヴェールでも彼は主治医のガシェ博士にかかっている（図9-27）。しかし激情型ですぐに興奮しているようなイメージで語られるゴッホが、実は物静かで紳士的だったこともこの証言からよくわかる。

オーヴェールは画家ドービニーが住んでいた地でもある（図9-28）。ほかにセザンヌやピサロがいたこともあり、おそらくはゴッホも画家としての成功を夢見てここに移り住んできたことだろう。しかし、何かと世話を焼いてくれていた弟テオ（テオドルス）の一家にとって、自分が経済的な負担となっていることに対する苦悩などが重なって、彼はこの部屋で自分の腹に銃弾を撃ち込んでしまう。その二日後、彼は三七年の短い生涯を終えた。

図9-29　レストラン・オーベルジュ・ラヴーの3階にあるゴッホの部屋

図9-30　レストラン・オーベルジュ・ラヴー

図9-31　ファン・ゴッホ兄弟の墓、オーヴェール＝シュル＝オワーズ墓地　外周の壁ぎわにある。緑の草に覆われたふたつの小さな墓石がファン・ゴッホ兄弟のもので、左がフィンセント、右がテオである。

彼が寝泊まりしていた屋根裏部屋は、非常に小さく、簡素でガランとしている（図9-29）。当時この部屋の宿賃は一泊あたり三・五フランだったことがわかっている。およそ二〇〇〇円ほどとみてよい。それに簡単な朝食がついて、一日あたり二五〇〇円ほどの計算になる。この建物の地上階は現在レストランになっている（図9-30）。ゴッホが住んでいた頃にもそこは居酒屋と食堂として営業していたので、ほぼ当時の姿と変わらない。当時は一日二食が基本であり、酒をまったく飲まなかったゴッホはここで一〇〇〇円ほどの夕食をとっていたはずだ。

彼は街じゅうにモチーフを見つけては、精力的に描いてまわった。彼の作品に登場する建物や街角を見つけることも、この静かな街を歩く際の楽しみのひとつである。そして街の端にある墓地には、彼の簡素な墓がある。そしてその隣には、彼を支え続け、兄を追うように翌年に三三歳の若さで病死した弟テオの墓石がある（図9-31）。叶うものならば、彼がずっと先の未来で画家としての名声を得ていることを、彼らが生きているうちに教えてあげたかった。

おわりに――セーヌの流れは絶えずして

パリ、思えばそれはとてつもなく大きな醸造桶だった。その中では人類全体が、最良の人々も最悪の人々も、ぶくぶく煮立っていた。――エミール・ゾラ、『パリ』下巻（竹中のぞみ訳）より。

一九世紀後半の文豪エミール・ゾラの小説『パリ』は、ある若い神父が自らの信仰に疑問を抱いて苦悩する物語だ。ゾラはパリで普仏戦争による陰惨な状況や、パリ・コミューンの悲惨な結末を目の当たりにしていた。現実社会の暗い側面におののき、それまで信じていたものが信じられなくなって苦しむ主人公は、ゾラ自身の鏡像でもある。

神父はキリスト教の巡礼地のひとつ南仏のルルドを訪れ、次いでカトリック教会の総本山であるローマへ行く。しかし、そこではむしろ教会のありさまに失望するだけに終わる。仕方なくパリへと戻って来た彼は、素朴な労働生活をおくる人々との交わりのなかに徐々に希望を見出し始める。この展開の裏に、ゾラの社会主義的な思想が透けてみえる。

やがて、科学がもたらす社会変革こそ、宗教にかわって人々に幸福をもたらすものと神父は確信するように至る。こうして神父＝ゾラは、未来のパリに一種のユートピアを夢想するのだ。

パリは今、まさしく高揚していた。未来はすべて、この巨大なパリのなかで練り上げられ、夜明けの光となってここから飛び立っていくことになろう。（……）その偉大なる過去ゆえに、あらゆる都市のうちで、パリこそが世界の先導者、解放者、開花の担い手となるよう仕向けられたのだ。（同前）

かつて、作家にここまで書いてもらえる街が他にあっただろうか。そして、なぜパリなのか——。それは、かつてローマが古代世界を支配したように、今やパリが現代に君臨しているからであり、「たゆまない運動によって、諸国民の中心となった」都市だからだとゾラは書く。さまざまな文明の流入によってできたごった煮の、複雑にからみあった長い歴史のなかで、何度も傷つき、何度も輝いてきた街。偉大なる栄光の時代の記憶をたたえながらも、さらに変わっていこうと常に動き続ける街——。ゾラがパリのなかに見出したこれらの特質は、まさに本書で浮かび上がらせようとしてきたパリ性なるものにほかならない。

パリのなかには、変わらぬパリと変わりゆくパリがある。そのどちらもがパリの魅力であり、どちらか一方が欠けてもそれはパリではないのだ。

本書は、編集者の大山悦子氏によるご尽力のたまものである。そして筑摩書房へ最初にお誘いいただいた吉澤麻衣子氏もあわせて、この場をお借りして心から感謝の意をささげたい。そして最後に、いつも撮影の手伝いと、最初の読者としての助言をくれる妻にも感謝の意を記しておきたい。

主要参考文献

洋書・和訳書・和書の順で、著者の姓による五十音順（洋書はアルファベット順）

Atlas de Paris: evolution d'un paysage urbain, ed.) Danielle Chadych, Dominique Leborgne, Parigramme, 1999.

Deutsche Kunst und Dekoration: illustr. Monatshefte für moderne Malerei, Plastik, Architektur, Wohnungskunst u. künstlerisches Frauen-Arbeiten, 6, 1900.

Musée Carnavalet: Connaissance des arts, ed.) Jean-Michel Charbonnier, Société Française de Promotion Artistique, 2021.

Musée de Cluny, ed.) Henri Bovet, Éditions de la Réunion des musées nationaux, 2009.

Saint-Etienne-du-Mont, Saint-Etienne du Mont, 2016.

Saint-Sulpice, Paroisse Saint-Sulpice, 2009.

Sylvain Ageorges, *Sur les traces des Expositions universelles: Paris 1855–1937*, Parigramme, 2022.

Jules Andrieu, *Notes pour servir à l'histoire de la Commune de Paris de 1871*, ed.) Maximilien Rubel, Louis Janover, Payot, 1971/Libertalia, 2016.

Frédéric Auguste Bartholdi, *Album des Travaux de Construction de la Statue Colossale de la Liberté, destinée au Port de New-York*, Gauthier & Cie, 1883.

Philippe Benoist, *Paris dans sa splendeur*, Henri Charpentier Editeur à Nantes, 1861.

Pierre Copernik, *L'ABCdaire de la Résistance*, Flammarion, 2001.

Malcolm Daniel, *The Photographs ofÉdouard Baldus*, The Metropolitan Museum of Art, 1994.

Christine Desmoulins, *Le Corbusier's Apartment-Studio*, Carapace Édition, 2018.

Gustave Eiffel, *La Tour de 300 mètres*, 2 vol., Lemercier, 1900.

Gérard Fontaine, *Palais Garnier*, Éditions du Patrimoine, 2001.

Julia Fritsch, Florence Saragoza, *Thermes et hôtel de Cluny: Musée national du Moyen Âge*, Gulf Stream, 2005.

Peter J. Gaertner, *Musée d'Orsay: Art & Architecture*, H. F. Ullmann, 2015.

Nigel Gosling, *Nadar*, Martin Secker & Warburg Ltd., 1976.

Yvonne Jestaz, *La galerie François Ier du Château de Fontainebleau*, Société des Amis et Mécènes du Château de Fontainebleau, 2009.

Serge Klarsfeld, *Les 4000 enfants déportés de la Rafle du Vél' d'Hiv'*, Association FFDJF, 2022.

Pierre-Louis Mathieu, *Gustave Moreau: Monographie et nouveau catalogue de l'œuvre achevé*, ACR Edition, 1998.

Anne-Bénédicte Mérel-Brandenburg, Alain Erlande-Brandenburg, *Saint-Germain des-Prés*, Éditions Jean-Paul Gisserot, 2001.

Alain Nave, *Le Musée d'Orsay: Histoire, architectures, collections*, Succès du Livre,

2002.
Lynn Nicholas, *The Rape of Europa: The Fate of Europe's Treasures in the Third Reich and the Second World War*, Vintage Books, 1995.
Jacques Perrier, *Cathédrale Notre-Dame de Paris*, Association Maurice de Sully, 2012.
Philippe Plagnieux, *The Basilica Cathedral of Saint-Denis*, Éditions du Patrimoine, 2008.
Sylvie Robin, Jean-Pierre Gély, Marc Viré, *The Catacombs of Paris: An underground world*, Paris Musées, 2019.
Beatrix Saule, *Versailles*, Art Lys, 2013.
Alexandre Sumpf, *Paris: ces photos qui racontent l'histoire*, Parigramme, 2015.

『ナポレオン言行録』、オクターヴ・オブリ編、大塚幸男訳、岩波書店、一九八三年。

『パリ　ミシュラン・グリーンガイド』、実業之日本社、一九九一年。

『パリ周辺　イール＝ド＝フランス　ミシュラン・グリーンガイド』、実業之日本社、一九九二年。

エリック・アザン『パリ大全──パリを創った人々・パリが創った人々』、杉村昌昭訳、以文社、二〇一三年。

フレデリック・オッフェ『パリ人論』、宇京賴三訳、未知谷、二〇〇九年。

ユリウス・カエサル『ガリア戦記』、近山金次訳、岩波書店、一九四二年、改版一九六四年。

ステリオス・ガラトプーロス『マリア・カラス─　聖なる怪物』、高橋早苗訳、白水社、二〇〇四年。

ジャン＝ポール・クレスペル『モンパルナスのエコール・ド・パリ』、藤田尊潮訳、八坂書房、二〇一三年。

ジェラール・クーロン、ジャン＝クロード・ゴルヴァン『絵で旅する──ローマ帝国時代のガリア』、瀧本みわ、長谷川敬訳、マール社、二〇一九年。

デイビッド・ゴールドブラット『オリンピック全史』、志村昌子、二木夢子訳、原書房、二〇一八年。

イヴァン・コンボー『新版　パリの歴史』、小林茂訳、白水社、二〇〇二年。

ハワード・サールマン『パリ大改造──オースマンの業績』、小沢明訳、井上書院、一九八三年。

ベルナール・ステファヌ『図説　パリの街路歴史物語』上・下巻、蔵持不三也編訳、原書房、二〇一〇年。

エミール・ゾラ『パリ』上・下巻、竹中のぞみ訳、白水社、二〇一〇年。

ジャン＝フランソワ・ソルノン『ヴェルサイユ宮殿──39の伝説とその真実』、土居佳代子訳、原書房、二〇一九年。

アンヌ・デルベ『カミーユ・クローデル』、渡辺守章訳、文藝春秋、一九八九年。

モニック・ドロン『コンシェルジュリー──シテ王宮』、チカコ・デ・ルチア訳、Éditions du Patrimoine、二〇〇七年。

デヴィッド・ハーヴェイ『パリ――モダニティの首都』、大城直樹、遠城明雄訳、青土社、二〇〇六年。

ルース・バトラー『ロダン――天才のかたち』、馬渕明子監修、大屋美那、中山ゆかり訳、白水社、二〇一六年。

ジョルジュ・ブルジャン『パリ・コミューン』、上村正訳、白水社、一九六一年。

ジュヌヴィエーヴ・ブレスク『ルーヴル美術館の歴史』、高階秀爾監修、遠藤ゆかり訳、創元社、二〇〇四年。

ジャン゠ポール・ベルト『ナポレオン年代記』、瓜生洋一、新倉修ほか訳、日本評論社、二〇〇一年。

ヴァルター・ベンヤミン『パサージュ論』五巻組、今村仁司、三島憲一ほか訳、岩波書店、二〇〇三年。

ペルーズ・ド・モンクロ『芸術の都 パリ大図鑑』、三宅理一監訳、西村書店、二〇一二年。

マルティヌ・ブラン゠モンマイユールほか『フランスの博物館と図書館』、松本栄寿、小浜清子訳、玉川大学出版部、二〇〇三年。

ピエール・ラヴダン『パリ都市計画の歴史』、土居義岳訳、中央公論美術出版、二〇〇二年。

ジョン・リウォルド『印象派の歴史』、三浦篤、坂上桂子訳、角川書店、二〇〇四年。

ジェラール・ルタイユール『パリとカフェの歴史』、広野和美、河野彩訳、原書房、二〇一八年。

バーバラ・レヴィ『パリの断頭台』、喜多迅鷹、喜多元子訳、法政大学出版局、一九八七年。

ドミニク・レスブロ『街角の遺物・遺構から見た パリ 歴史図鑑』、蔵持不三也訳、原書房、二〇一五年。

ドミニク・レスブロ『パリ 歴史文化図鑑』、蔵持不三也訳、原書房、二〇一九年。

アンリ・ロワレット『ギュスターヴ・エッフェル――パリに大記念塔を建てた男』、飯田喜四郎、丹羽和彦訳、西村書店、一九八九年。

ジャニーヌ・ワルノー『洗濯船――20世紀美術の青春』、江原順訳、集英社、一九七七年。


『図説 万国博覧会史――1851―1942』、吉田光邦編、思文閣出版、一九八五年。

『パリI――19世紀の首都 西洋近代の都市と芸術2』、喜多崎親編、竹林舎、二〇一四年。

『パリII――近代の相克 西洋近代の都市と芸術3』、天野知香編、二〇一五年。

『万国博覧会と人間の歴史』、佐野真由子編、思文閣出版、二〇一五年。

『ル・コルビュジエ 絵画から建築へ――ピュリスムの時代』、村上博哉編、東京新聞、二〇一九年。

伊熊よし子『図説 ショパン』、河出書房新社、二〇一〇年。

今橋映子『異都憧憬 日本人のパリ』、柏書房、一九九三年。

上田耕造『ブルボン公とフランス国王――中世後期フランスにおける諸侯と王権』、晃洋書房、二〇一四年。

上田泰史『パリのサロンと音楽家たち――19世紀の社交界への誘い』、カワイ出版、

〇一八年。

岡田晋『映画の誕生物語——パリ・1900年』、美術出版社、一九八〇年。

小倉孝誠『写真家ナダール』、中央公論新社、二〇一六年。

鹿島茂『パリのパサージュ——過ぎ去った夢の痕跡』、平凡社、コロナ・ブックス、二〇〇八年。

鹿島茂『失われたパリの復元——バルザックの時代の街を歩く』、新潮社、二〇一七年。

鹿島茂『19世紀パリ時間旅行——失われた街を求めて』、青幻舎、二〇一七年。

北河大次郎『近代都市パリの誕生　鉄道・メトロ時代の熱狂』、河出ブックス、二〇一〇年。

河野健二、樋口謹一『フランス革命』、河出書房新社、一九八九年。

佐々木真『図説 ルイ14世』、河出書房新社、二〇一八年。

芝生瑞和『図説 フランス革命』、河出書房新社、一九八九年。

鈴木晶『オペラ座の迷宮——パリ・オペラ座バレエの350年』、新書館、二〇一三年。

鈴木杜幾子『フランス絵画の「近代」——シャルダンからマネまで』、講談社、一九九五年。

鈴木杜幾子『画家たちのフランス革命』、KADOKAWA、二〇二〇年。

高階秀爾『フランス絵画史——ルネッサンスから世紀末まで』、講談社、一九九〇年。

髙橋洋一『ベル・エポックの肖像——サラ・ベルナールとその時代』、小学館、二〇〇六年。

寺本敬子『パリ万国博覧会とジャポニスムの誕生』、思文閣出版、二〇一七年。

中村浩『ぶらりあるき パリの博物館』、芙蓉書房出版、二〇〇五年。

新関公子『ゴッホ 契約の兄弟』、ブリュッケ、二〇一一年。

長谷川輝夫『図説 ブルボン王朝』、河出書房新社、二〇一四年。

服部春彦「十八世紀後半におけるフランスの植民地貿易」、『西洋史学』第九七巻、日本西洋史学会、一九七五年、一九一三九頁。

三宅理一『パリのグランド・デザイン——ルイ十四世が創った世界都市』、中央公論新社、二〇一〇年。

山田登世子『シャネル——その言葉と仕事の秘密』、筑摩書房、二〇二一年。

吉川節子『印象派の誕生——マネとモネ』、中央公論新社、二〇一〇年。

パリ入門書としての推薦書

『フランスの歴史を知るための50章』、中野隆生、加藤玄編著、明石書店、二〇二〇年。

佐々木真『図説 フランスの歴史』、河出書房新社、ふくろうの本、二〇一一年。

柴田三千雄『フランス史10講』、岩波新書、二〇〇六年。

高遠弘美『物語 パリの歴史』、講談社現代新書、二〇二〇年。

福井憲彦『一冊でわかるフランス史』、河出書房新社、二〇二〇年。

福井憲彦『物語 パリの歴史——「芸術と文化の都」の2000年』、中央公論新社、二〇二一年。

ちくま新書
1795

パリ 華《はな》の都《みやこ》の物語《ものがたり》

二〇二四年五月一〇日 第一刷発行

著者 池上英洋（いけがみ・ひでひろ）

発行者 喜入冬子

発行所 株式会社 筑摩書房
東京都台東区蔵前二-五-三 郵便番号一一一-八七五五
電話番号〇三-五六八七-二六〇一（代表）

装幀者 間村俊一

印刷・製本 三松堂印刷 株式会社

ISBN978-4-480-07624-3 C0225

ちくま新書

1525
ロマネスクとは何か
——石とぶどうの精神史
酒井健
石の怪物、ねじれる柱、修道僧の幻視……天上の神を仰ぎつつ自然の神々や異教の表象を取り込み、過剰なエネルギーを発した、豊穣すぎる中世キリスト教文化。

1578
聖母の美術全史
——信仰を育んだイメージ
宮下規久朗
受胎告知や被昇天などの図像、数々の奇蹟やお守り——祈りの対象にして、西洋美術史を牽引した聖母像、その起源や隆盛から衰退、変容までをたどる画期的な一冊。

1435
失われたアートの謎を解く
青い日記帳監修
ルーヴル美術館の名画盗難、ナチスの美術品略奪、ラスコー壁画の損傷……なぜ盗まれ、壊されたのか。被害の実際から修復までカラー図版や資料満載で徹底解説。

1335
ヨーロッパ　繁栄の19世紀史
——消費社会・植民地・グローバリゼーション
玉木俊明
第一次世界大戦前のヨーロッパは、イギリスを中心に空前の繁栄を誇っていた。奴隷制、産業革命、蒸気船や電信の発達……その栄華の裏にあるメカニズムに迫る。

1377
ヨーロッパ近代史
君塚直隆
なぜヨーロッパは世界を席巻することができたのか。「宗教と科学の相剋」という視点から、ルネサンスに始まり第一次世界大戦に終わる激動の五〇〇年を一望する。

1400
ヨーロッパ現代史
松尾秀哉
第二次大戦後の和解の時代が終焉し、大国の時代が復活し、危機にあるヨーロッパ。その現代史の全貌を、国際関係のみならず各国の内政との関わりからも描き出す。

1278
フランス現代史　隠された記憶
——戦争のタブーを追跡する
宮川裕章
第一次大戦の遺体や不発弾処理で住めない村。第二次大戦の対独協力の記憶。見捨てられたアルジェリアのフランス兵アルキ……。等身大の悩めるフランスを活写。